AF390107

LA PRESQU'ILE DE MALACCA

LA
PRESQU'ILE DE MALACCA

LES MALAIS

ET

LES SAUVAGES

PAR

L'Abbé P. H. D. BORIE

Missionnaire apostolique

Membre de la Société des Missions-Étrangères de Paris

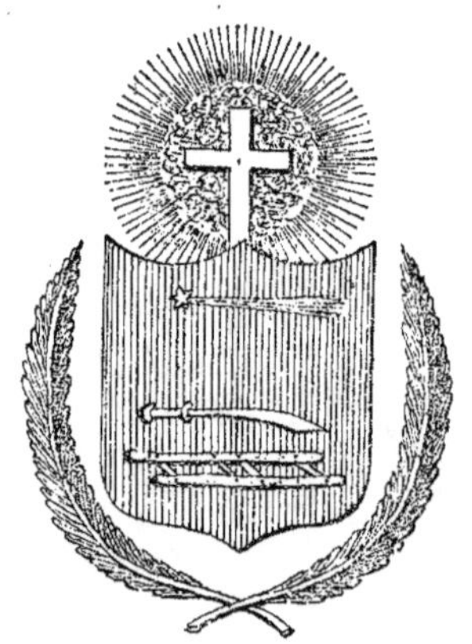

TULLE

IMPRIMERIE DE J. MAZEYRIE

—

1886

A MON BIEN-AIMÉ FRÈRE ET PARRAIN

LE VÉNÉRABLE SERVITEUR DE DIEU

PIERRE-ROSE-URSULE-DUMOULIN

BORIE

ÉVÊQUE D'ACANTHE

VICAIRE APOSTOLIQUE DU TONQUIN OCCIDENTAL

de la Société des Missions-Etrangères

martyrisé en Cochinchine le 24 novembre 1838

HONNEUR, LOUANGE, RECONNAISSANCE

ET AMOUR ÉTERNEL

———

AUX PIEUX ASSOCIÉS DE LA PROPAGATION DE LA FOI

ET DE LA SAINTE-ENFANCE

AVANT-PROPOS

Désireux de répondre au bienveillant intérêt que plu-
cieurs de mes parents et amis, ainsi que les pieux associés
de la Propagation de la Foi et de la Sainte-Enfance, portent aux missions de l'Extrême-Orient, particulièrement à
celle des Sauvages, j'ai essayé de rappeler mes souvenirs
en coordonnant quelques notes éparses, rédigées dans les
premières années de mon apostolat.

Ma tâche sera d'autant plus facile à remplir, qu'ayant
habité pendant 25 ans au milieu de la population indigène de la Malaisie, j'ai eu tout le temps de l'étudier et de
la connaître. Là, vivant de sa vie, me faisant tout à tous,
selon le conseil de l'apôtre, pour les gagner tous à Jésus-
Christ, j'allais par monts et par vaux dans les forêts à la
recherche des Sauvages. La nuit dans le désert je dressais
ma tente à côté de leurs tentes, le soir venu, je les grou-
pais autour de ma natte, les questionnais sur leurs besoins,
sur leurs chasses, sur leurs travaux et insensiblement les
amenais à me parler de leurs mœurs, de leurs usages et
me renseignais sur leur culte. D'autrefois, j'écoutais les
vieux de la tribu dire quelles étaient leurs croyances sur
la création, la fin du monde et la vie future.

De même qu'un voyageur, voulant dépeindre les us et
coutumes d'une ville, commence par décrire les alentours
de la ville, la ville même et les mœurs qui y règnent, de
même, chers lecteurs, je vous parlerai, dans une première

partie, de la géographie, de la production du sol et des peuples qui habitent la péninsule Malaise ; dans la seconde, je vous entretiendrai spécialement des aborigènes et je la terminerai en vous racontant comment je suis parvenu à introduire le Christianisme parmi ces tribus restées inconnues jusqu'à ce jour de l'Europe chrétienne et savante.

Tel est le but que je me suis proposé ; puissent les quelques pages qui suivent vous porter de plus en plus au bien et vous intéresser à ma chère mission, que j'ai dû abandonner sur l'ordre formel des médecins et l'assentiment unanime de mes confrères, dans l'espoir de me rétablir et de retourner en mission. Rentré en France, je fus déçu dans mon attente, l'art médical fut impuissant à me guérir. Finalement j'ai dû, avec l'autorisation de mes supérieurs immédiats, les directeurs du séminaire des Missions-Etrangères de Paris, me résigner à rester en France.

Sachant par ma propre expérience combien un dictionnaire pratique de la langue Malaise (1) est utile et nécessaire, pour faciliter la prédication du saint Évangile, j'ai cru devoir, pour répondre à ce besoin urgent, en composer un, que je publierai, si la Providence m'en fournit les moyens.

Cors, le 24 novembre 1885.

(1) *Dictionnaire théorique et pratique de la langue Malaise*, composé sur le dictionnaire Malais-Anglais de W. Marsden, augmenté d'une partie théologique, historique, géographique, biographique, mythologique et nautique.

PREMIÈRE PARTIE

LA PRESQU'ILE DE MALACCA

ET LES MALAIS

OBSERVATIONS IMPORTANTES

Les mots Malais étant invariables, j'ai dû négliger l'emploi de *s*, marque du pluriel en français, et pour ne pas vicier la prononciation des mots, écrire : les Mantra, les Bata, les Orang-Houlou, les Orang-Rimba, et non les Mantras, les Batas, les Orang-Houlous, les Orang-Rimbas.

En Malais, notre *j* se prononce *dj* faible, c'est-à-dire que le son de *j* participe du *dji* et du *dzi*, exemple : Java, Johor, Raja, doivent se prononcer : Djava, Djohor, Radja. Beaucoup d'Européens, pour ne pas observer cette règle, provoquent le sourire des Malais.

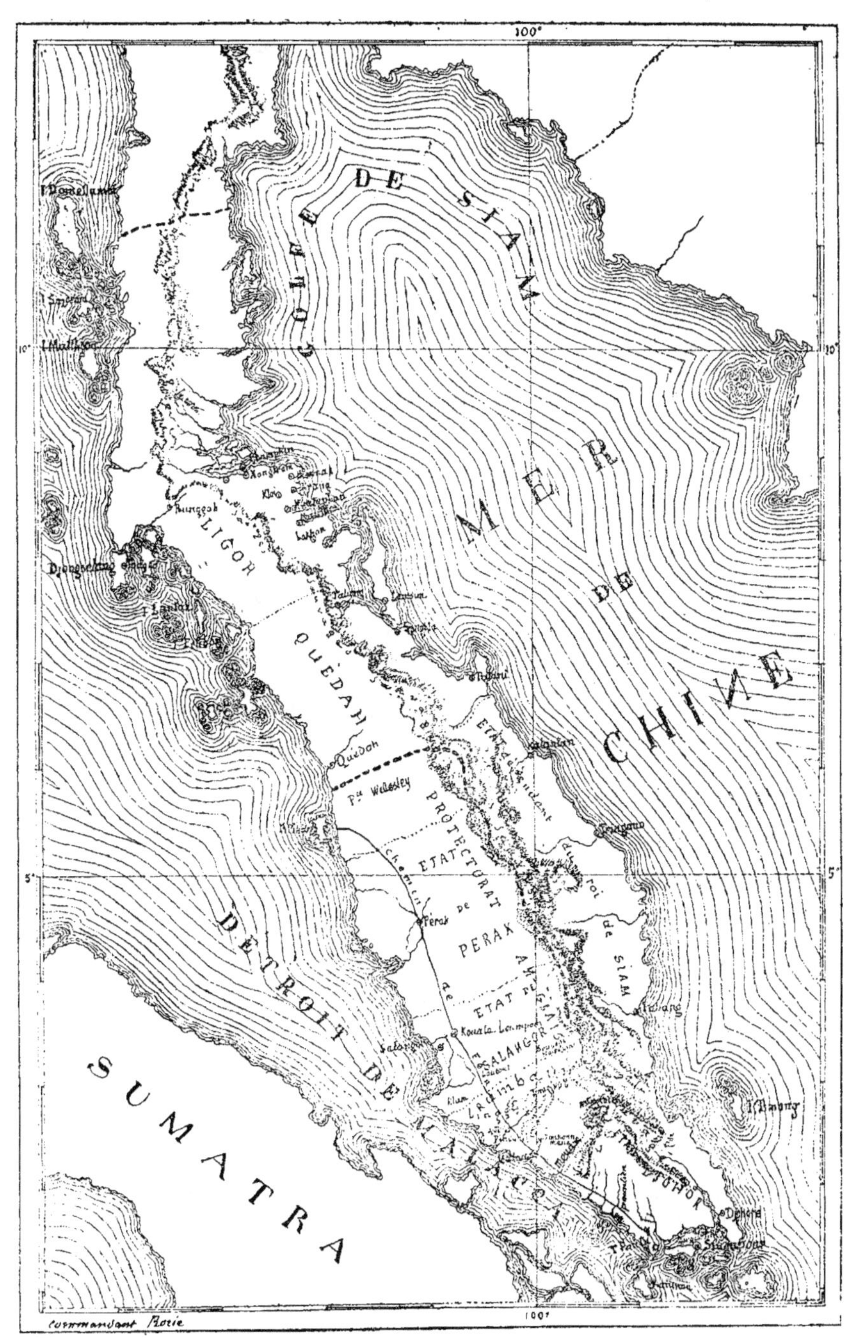

CARTE DE LA PRESQU'ILE DE MALACCA
Dressée par le Commandant Borie sur les indications du P. Borie.

LA PRESQU'ILE DE MALACCA

ET

LES MALAIS

CHAPITRE Ier.

La presqu'île de Malacca ou la péninsule Malaise, appelée
dans les annales Chinoises San-Fou-Thi (1) et Chersonnèse
d'Or, ou presqu'île d'Or, par le géographe Grec Strabon (2),
est située à l'extrémité la plus méridionale de l'Asie, dans
l'Inde transgangétique (au delà du Gange), dans cette partie
de l'Orient nommée Indo-Chine, Océanie occidentale, Notasie
ou Malaisie et encore archipel Indien, grand archipel Asia-
tique, par quelques géographes.

La presqu'île s'étend depuis le 1er degré 15 minutes, jusqu'au 11e degré de latitude nord ; elle tient au continent
par l'isthme de Kraw (*Craou*) (3) et se termine au sud

---

(1) Les Chinois ne connaissaient que la partie orientale de la péninsule malaise.
(V. Abel Rémusat, *Nouveaux mélanges Asiatiques*.)

(2) Les savants sont divisés sur la véritable position géographique de la Chersonèse
d'Or. Les uns la posent dans toute l'Inde Ciscangétique (en deçà du Gange) et indi-
quent Sofola, dans l'Afrique orientale. D'autres auteurs pensent, avec plus de raisons
peut-être, que la Chersonèse d'Or de Strabon, était située dans l'Inde au delà du
Gange, que nous appelons actuellement la péninsule Malaise, la presqu'île de Malacca.

(3) L'isthme de Kraw (*Graou*, large de 30 lieues au plus, sépare la Malaisie de la
Birmanie. Le percement de cet isthme, dont il a été fortement question dans ces
derniers temps, s'imposera un jour, et il serait d'autant plus facile à exécuter, que
les sources des deux rivières, dont l'une débouche sur la côte est et l'autre sur la
côte ouest, sont très rapprochées.

par le cap Romania (1). Sa plus grande longueur est de 1,200 kilomètres et sa largeur de 200 kilomètres. Sur les limites de l'Asie et de l'Océanie, elle joint l'Inde et la Chine ; elle est le rendez-vous commun de toutes les nations du globe. C'est un immense bazar où sont échangés les trésors de l'Asie et les épices de l'Océanie, contre les produits et l'argent de l'Europe et de l'Amérique ; point central où des peuples de tous les climats, bien que divers de couleur, de mœurs et de langages, dressent leurs tentes, se mêlent, se confondent, fraternisent enfin, dans l'espoir du gain. Là, les Européens, les Américains, se rencontrent avec des Juifs, des Persans, des Arabes, des représentants de l'Indo-Chine, de la Chine, de l'Océanie et de l'Afrique.

La péninsule Malaise, qui a appartenu tout entière au royaume de Siam jusque vers le milieu du xviiie siècle, se divise aujourd'hui en un grand nombre de petits Etats ou districts, aspirant à l'indépendance absolue les uns des autres. Les Etats du nord sont, sur la côte ouest : Pounggah et Ligor, vastes provinces régies par des gouverneurs Siamois ; Kedah, ne connaissant plus en fait que la suzeraineté nominale du roi de Siam ; Poulo-Pinang et la province Wellesley à l'Angleterre ; Perak reconnaît le protectorat immédiat de cette puissance qui y est représentée par un gouverneur.

Les Etats de la côte est sont : Patani, Klaugtan, Tringano et Pahang, tous plus ou moins tributaires du roi de Siam.

Les Etats du sud, appelés le Malacca indépendant, sont,

---

(1) Le cap Romania (*Tandjong-Romania*), la pointe extrême de la péninsule Malaise tire son nom d'un arbre dont l'ombre est bienfaisante, appelé Romania ; son fruit rond et acide est une variété de mangue.

sur la côte ouest : Salangor, Langat, Linggi, le territoire anglais de Malacca, Mouar et Djohor.

Les Etats ou districts intérieurs échelonnés sur la chaîne de montagnes partageant en deux, du sud au nord, la péninsule, sont : Klam, Loukout, Sougei-Houdjoug, Djelebou, Seremenanti, Tratchi, Roumbau, Djohol, Segamat, Tamping et Nanin. Tous ces Etats de l'intérieur sus-nommés, Klam et Tratchi exceptés, appartiennent à une des anciennes divisions du centre de la presqu'île, nommée Nagri-Sambilan, les neuf districts ou Etats. La province de Nanin a été incorporée au territoire de Malacca, il y a cinquante-cinq ans, par les Anglais, qui ont pensionné son Pangoulou ou chef. Quelques-uns de ces petits Etats reconnaissent encore en principe la suzeraineté du sultan de Djehor, qui réside à Singapour, pensionné qu'il est par les Anglais ; d'autres reconnaissent en fait celle de son ancien maire du palais, le Toumongong ou Maha-Radja-Djohor (1), également résident à Singapour et pensionné par le gouvernement britannique.

Les Anglais possèdent trois grands établissements dans les Détroits, dans la partie qui longe la côte ouest de la péninsule, savoir : Malacca, Poulo-Pinang et Singapour.

Malacca (2), grande ville, jadis rivale de Goa et d'Ormus, fut fondée en 1252 par Iskander-Sha, prince malais, expulsé du désert de Singapour par Maha-Radja-Pahit, souverain de Java (*Djava*). Elle tire son nom, disent les naturels du pays, d'accord avec certains auteurs, d'un arbre, espèce de mirabolanum, nommé Malacca, prune de l'Inde ou Kadondong, qui croît dans la contrée. à l'ombre duquel se reposa

---

(1) A Maha-Radja-Djohor a succédé Aboubakar Ier, européen d'éducation et de goût.

(2) *Malacca*, en sanscrit, signifie : messagère, entremetteuse.

Iskander-Sha, son premier fondateur. Selon d'autres, la fondation de Malacca doit être attribuée à Maha-Radja-Pahit, vers la fin du XIIe siècle. Les Portugais, conduits par Alphonse Albouquerque, surnommé *le Grand*, *le Mars Portugais*, s'établirent à Ceylan, dans les îles de la Sonde et définitivement à Malacca. Magellan, lieutenant d'Albouquerque, s'empara de Malacca en 1510 ou 1511. Albouquerque, qui unissait à une grande piété toutes les qualités d'un grand homme, fit de Malacca une cité, l'entrepôt des établissements Portugais dans l'Inde. Les Portugais soutinrent plusieurs sièges contre les sultans Malais de Djohor et d'Achem. En 1641, Malacca fut enlevé aux Portugais par les Hollandais. En 1795 elle tomba au pouvoir des Anglais qui la possédèrent jusqu'en 1818. A cette époque elle fut réclamée par la Hollande aux termes du traité de Vienne de 1814 et momentanément réoccupée par cette puissance. En 1824, un traité étant intervenu entre l'Angleterre et la Hollande, Malacca fut définitivement cédée aux Anglais, en échange de Bencoulen, sur la côte ouest de Sumatra.

Il ne reste plus, de l'ancien Malacca, que des ruines, ruines morales et intellectuelles, aussi bien que matérielles. Malacca ne vit plus que de sa gloire passée, que par son souvenir. Place autrefois importante, aujourd'hui démantelée, son commerce est presque totalement anéanti, c'est à peine si chaque année, quelques navires d'Europe viennent mouiller à l'extrémité de sa rade, obstruée qu'elle est par les bancs de sable que forme la mer en dévorant son rivage. Nous possédons à Malacca plusieurs églises et plusieurs écoles, dont l'une, celle des filles, est tenue par les Sœurs du Saint-Enfant Jésus.

Le second établissement anglais dans les Détroits est l'île du prince de Galles, appelée par les indigènes Poulo-

Pinang (*l'Ile de l'Arèque*), elle renferme une magnifique rade.
L'Angleterre possède l'île de Batou-Kavan (*Pierre des Amis*),
et sur le continent, en face de Pinang, la vaste province
de Wellesley, s'étendant de Kouala-Mouda au nord, jusqu'à
Kouala-Preh au sud. La province de Wellesley est couverte
de plantations ; celles de sucre et de muscade, ayant été
détruites par une maladie assez semblable à celle qui détruit nos vignes en France, ont été remplacées par des
plantations de maniocs. La Compagnie des Indes acheta
Poulo-Pinang en 1780 et la province Wellesley en 1800
au roi de Kedah, moyennant une pension annuelle de
10,000 piastres. Nous possédons à Poulo-Pinang et sur la
province de Wellesley, plusieurs églises, des écoles tenues
par les Frères de la Doctrine chrétienne et les Sœurs du
Saint-Enfant Jésus, six écoles indigènes et un collège général pour toutes nos missions de l'Indo-Chine, de la Chine
et du Japon.

Le troisième établissement anglais est celui de Singapour, c'est le plus récent et le plus important des trois.
L'île de Singapour, séparée du continent par un détroit de
peu de largeur, est appelée par les naturels Singapoura (1)
ou Selat (2). Cette colonie fut fondée au douzième siècle,
par les Malais venus de Menang-Kabou, royaume situé
dans l'intérieur de l'île de Sumatra. Un sultan Malais de
Djohor ayant vendu l'île aux Anglais, ceux-ci y fondèrent
un établissement en 1819, qui s'est élevé comme par enchantement. Singapour est aujourd'hui un point très important, c'est l'entrepôt obligé d'un commerce considérable
entre l'Europe, l'Asie, l'Amérique et l'Océanie ; sa rade offre

---

(1) *Singapoura*, du sanscrit, *singa*, lion, et *poura*. ville, ou du mot Malais, *singgha*.
relâche, et *poura*, ville.
(2) *Selat* en Malais, veut dire détroit ; *Singapoura*, le détroit par excellence.

en tout temps un mouillage sûr, et Telok-Blanga, le nouveau port pour les vapeurs, contient des docks et des dé-
barcadères très commodes pour les navires. Le nom de
Singapoura fut donné une première fois à une ville bâtie à
l'extrémité de la péninsule par une colonie de Malais venus
de Sumatra, dans l'endroit nommé Djohor-Lama ; le pays
s'appelait primitivement Tamasak. Nous possédons à Singapour et sur le continent plusieurs églises, plusieurs écoles, et deux hôpitaux. A Singapour l'école des filles et les
hôpitaux sont tenus par les sœurs du Saint-Enfant Jésus.
L'école des garçons est dirigée par les frères de la doctrine
chrétienne.

La domination anglaise est appelée à s'étendre, d'ici à
peu d'années, non seulement dans les Détroits, mais encore
dans les divers Etats de l'intérieur de la péninsule, ainsi
que l'indique le chemin de fer établi sur la province Wellesley et se dirigeant sur Perak, pour aboutir à Malacca et à
Tandjoug-Poutri. Dans la Malaisie comme dans l'Inde, la
politique anglaise est une politique d'envahissements pro-
gressifs et pacifiques. Les gouverneurs des Détroits, se-
condés par les Résidents et les Sous-Résidents, c'est-à-dire,
par les Préfets et les Sous-Préfets de Poulo-Pinang, de Malacca et de Singapour, s'étudient à profiter de toutes les
occasions qui se présentent pour entrer en relation avec
les Chefs Malais, ils servent leurs intérêts particuliers du
moment, se font leurs amis, les assistent, le cas échéant,
leur prêtent ou leur font prêter par des négociants des
sommes fortes. et s'il surgit des difficultés entre les Chefs
Malais et les négociants ou bailleurs de fonds pour les
mines ou pour les plantations, le gouverneur ou le résident
intervient comme protecteur. comme conciliateur, comme
arbitre et finalement comme juge. C'est ainsi que peu à

peu le protectorat s'affirme, s'établit, et avec le temps, le protectorat de médiat devient immédiat. Les Chefs reçoivent une forte pension et le gouvernement anglais devient maître du pays, résultat heureux, considéré au point de vue du bien-être des habitants indigènes et du commerce général.

CHAPITRE II.

Le gouvernement Malais est entièrement féodal. Le chef des Etats est un Roi ou Radja, prenant le titre de Sultan (*Soultan*) ou Empereur, introduit par les Arabes : le sultan a droit de vie ou de mort sur ses sujets ; il décide de la paix ou de la guerre. L'héritier présomptif de la couronne, Radja-Mouda (*jeune roi*), est choisi parmi ses neveux ; l'élection pour être valide, doit être confirmée par les nobles. Le Sultan a sous lui un certain nombre de chefs de districts, gouverneurs ou préfets, nommés Datok, choisis dans le corps des hommes de rang ou nobles (*Orang-Kaïa*), lesquels ont encore un certain nombre de petits chefs sous leurs ordres. Le Sultan prend parmi les Datok les officiers de l'Etat, tels que : les Iam-Touan ou régents ; les Tomongong ou premiers ministres, qui sont de droit commandants des armées ; les Pangoulou (1) ou gouverneurs subalternes de Sa Majesté ; le Panglima-Lahout ou amiral ; le Panglima-Prang ou général ; le Pangoulou-Mouara ou officier préposé à l'embouchure des rivières pour inspecter les bateaux et percevoir les doits de douane ; le Bandhara, intendant ou trésorier. Les Sultans ont encore des gardes du corps, nommés Houlou-Balang ; quelques-uns parmi

---

(1) Pangoulou (de *ping*, *peng*, chef, qui a autorité, et de *lou* pour *houlou*, intérieur du pays), chef dans l'intérieur, chef de l'intérieur. Les mots Pangoulou ou Datok ont à peu près la même signification, néanmoins, le mot Pangoulou n'est plus honorifique au même degré, depuis que les Anglais ont donné ce titre à de simples maires de villages.

eux sont des agents secrets vendus au Sultan, pour exécuter par surprise et furtivement, les ordres de mort à l'égard de certains personnages, dont on ne saurait se défaire publiquement. C'est ainsi qu'en usait leur devancier, le Vieux de la Montagne.

Tel était le gouvernement des Sultans Malais à l'époque où cette nation était encore dans sa splendeur; dans sa décadence, les titres seuls sont restés. Il y a encore un généralissime mais sans armée de terre et de mer, des amiraux sans flottes, des généraux sans soldats. Les princes nommés à Sumatra Pengrang, et dans la presqu'île Pangoulou ou Datok, profitant de la faiblesse du souverain, sont parvenus à se rendre indépendants, en sorte que les princes sont aujourd'hui rois de fait; chaque province ou district est devenu un Etat. Ces princes se font la guerre quand l'intérêt ou la passion les y pousse, rendent la justice en dernier ressort, font la paix ou la guerre, reçoivent les impôts et se les approprient au préjudice du souverain : le peuple paie comme par le passé les dîmes à son chef immédiat, sans se préoccuper si celui-ci les transmet au Sultan. Ces princes ne portent pas officiellement le nom de Radja, ils se contentent de celui de Pangoulou, mais dans l'intérieur du palais, ils tiennent à ce qu'on les appelle Datok et ne s'impatientent pas du titre de Radja que l'étranger leur donne quelquefois. Ces Pangoulou administrent ou sont censés administrer le district de concert avec certains nobles inférieurs, qui sont de droit conseillers d'Etat, nommés Orang-Bessar ou Sekou : leur nombre est plus ou moins grand, selon l'importance de l'Etat.

Dans la presqu'île de Malacca aussi bien qu'à Sumatra, quoique la puissance des Sultans ne soit plus qu'idéale, éphémère, ils n'en maintiennent pas moins leurs droits et

leurs privilèges, leurs titres pompeux de Roi des rois,
Seigneur de l'air et des nuages, Lieutenant du ciel, Maître de la troisième partie du bois Makoumat (dont l'une
des propriétés est de rendre la matière capable de voler),
Sultan dont les yeux sont semblables, l'un au soleil l'autre à la lune, etc. ; prétendus privilèges, titres ridicules,
absurdes, qui ne leur sont nulle part disputés, tant qu'ils
ne cherchent pas à les soutenir par la force, ainsi que me
le disait le Pangoulou de Roumbau dans un de mes voyages : « Dans ces dernières années, j'étais en guerre au
« sujet d'une femme avec mon prédécesseur, qui avait
« abdiqué pour aller visiter le tombeau de Sidi Moha-
« met, que la paix de Dieu soit avec lui, nous déposâ-
« mes les armes, c'était notre intérêt commun, après
« avoir perdu un ou deux hommes et nous être brûlé quel-
« ques cabanes, sur l'intervention toute amicale de notre
« suzerain, le roi Gadin, ou Iam-Touan de Seremenanti que
« vous avez visité. »

La couleur de la famille impériale est la couleur jaune,
leurs enseignes, semblables à celles des Arabes, sont les
insignes du Sultan. L'enseigne jaune ouvre la marche de
l'escorte, et l'enseigne rouge la ferme. Les Pangoulou
Malais ont pour toute marque de leur puissance une enseigne rouge, semblable à celle du Sultan.

En visitant la péninsule, l'on est effrayé de la solitude
qui y règne et l'on se demande ce qu'est devenue cette
population si considérable dans les premières années de
l'établissement des Portugais ? Où sont aujourd'hui ces
hardis navigateurs, ces intrépides guerriers ? ces flottes,
ces armées, qui firent trembler les gouvernements Portugais et Hollandais jusque dans leurs forteresses ? Comment est tombée cette nation que les historiens et les

géographes s'accordent à dépeindre comme étant jadis forte, puissante et terrible dans sa vengeance ? J'en donnerai plusieurs raisons.

La première est celle-ci : La nation Malaise, telle que nous l'ont dépeinte les Portugais et les Hollandais, était alors à son apogée. Nouvellement convertie au Mahométisme, elle en avait l'ardeur, le fanatisme brutal. Ce fanatisme était toute sa force, toute sa vie, mais ce n'était là qu'une vie d'emprunt, une vie de surexcitation. Le temps et le contact avec les Européens affaiblirent sa foi en son faux prophète et son grand fanatisme disparut. Privée de cette vie d'emprunt, la nation Malaise est redevenue peu à peu ce qu'elle était primitivement, ce que nous la voyons aujourd'hui. En Malaisie, comme partout ailleurs, là où le Mahométisme a été introduit, les nations, au lieu de progresser, ont été en décadence, les populations ont diminué d'une manière très sensible, et la cause en est dans la permission de la polygamie, dans le sensualisme effréné que permet cette religion.

La seconde est celle-ci : Malacca, Poulo-Pinang et Singapour étant devenus, sous la Compagnie des Indes, des ports libres, où il a été permis aux Malais de séjourner, d'entrer et de sortir sans aucune espèce de contrôle pour eux et leurs marchandises, toute la population active, intelligente et entreprenante, s'est agglomérée dans ces trois grands centres; de là, en partie, la solitude de la presqu'île, la décadence des Sultans et celle de la nationalité Malaise.

La troisième est l'affaiblissement graduel de l'autorité des Sultans, affaiblissement auquel ont grandement contribué les Anglais et les Hollandais en pratiquant habilement la maxime machiavélique : *Divisons pour régner*. Ces deux peuples ont toujours flatté et nourri les prétentions

des chefs de districts contre leurs supérieurs, ils ont affecté
de traiter avec les Pangoulou et leur ont gracieusement donné
le titre de Radja. La Compagnie des Indes n'a acheté Singapour, qu'en favorisant les prétentions d'un prince cadet,
contre son frère aîné, patronné à son tour par les Hollandais. Les chefs de districts se sentant fortement appuyés,
ont affirmé leur indépendance, ils se sont ainsi élevés et
agrandis au détriment de leurs suzerains. Telles sont les
causes principales de la décadence de la nationalité Malaise.

CHAPITRE III.

Le voyageur d'Europe en Asie, doublant le cap de Bonne-Espérance pour se rendre dans l'Indo-Chine, est grandement réjoui et charmé par la vue des côtes de la Malaisie. Deux immenses terres élevées, couvertes jusqu'à la cime par une splendide et éternelle verdure, se dressent tout à coup devant lui et lui apparaissent dans le lointain comme une barrière infranchissable, mais plus il approche, plus distinctement il perçoit sa riche et luxuriante végétation : les sinuosités de la côte se dégagent, une nappe d'eau argentée se dessine, s'allonge et s'élargit, c'est le détroit de la Sonde (1), unissant et séparant à la fois, les îles de Java (*Djava*) et de Sumatra. Parvenu à la hauteur du poste Hollandais d'Enger, situé sur la côte de Java, un panorama vaste et grandiose s'offre à l'œil de l'Européen émerveillé. C'est un grand bassin entouré de tous côtés par des montagnes, d'où s'échappe un agréable parfum, et nulle issue n'apparaît pour en sortir. La côte de Java est splendide, des plantations variées et bien comprises couvrent son sol, ses sites les plus beaux vous laissent deviner les habitations des Hollandais et des riches Javanais. Sur le bord de ce bassin

____

(1) *Sonda, sounda*, veut dire en Sanscrit, endroit entouré d'une chaîne de montagnes.

Sonda-Island (ang), les îles de la Sonde, archipel de Malaisie, composé des deux grandes îles de Sumatra et de Java, séparées par le détroit de la Sonde et diverses petites îles.

Sonda-Kapala, le détroit de la Sonde. Nom primitif que portait le pays de Java, où fut bâti Djakatra, remplacé aujourd'hui par Batavia (*batavi*), fondée en 1619. Le nom de *Sounda-Kapala* est resté au détroit de la Sonde.

enchanteur sont plantés des cocotiers, divers arbres à fruits à l'ombre desquels ses indigènes abritent leurs cabanes. De loin en loin, des bateaux chargés de provisions de toutes sortes se détachent du rivage et viennent à l'envie et en très grand nombre, vous offrir les produits de leur pays ; leurs costumes sont des plus variés et souvent des plus simples ; d'autres bateaux s'adonnant à la pêche et au commerce, sillonnent le détroit en tout sens. Le soir venu, alors qu'une brise régulière et bienfaisante vient rafraîchir la température brûlante de ces climats, que la mer est phosphorescente, que les étoiles scintillent au firmament, que les feux allumés à bord des navires, sur le rivage et jusque sur les plus hautes montagnes, brillent de toute part, le détroit de la Sonde est féérique et l'un des points les plus beaux du monde. Du détroit de la Sonde à la presqu'île de Malacca, le voyage se poursuit avec le même enchantement à travers un nombre considérable d'îles, ayant l'aspect d'un magnifique et gros bouquet de fleurs posé à la surface de la mer : les navires rangent souvent de près les rivages, l'on distingue les insulaires se livrant à la pêche, l'on entend l'aboiement du chien et le chant des oiseaux, remarquables surtout par la variété et la vivacité de leurs couleurs.

L'aspect qu'offre la Malaisie au voyageur Européen, abordant l'Indo-Chine par le canal de Suez, est moins séduisant, néanmoins il est grandement dédommagé de la tristesse que lui a laissé la solitude et la stérilité de l'isthme de Suez, par l'apparition de l'île de Ceylan, de la presqu'île Malaise, et de la pointe d'Achem, formant le détroit de Malacca ; partout, sous ce climat de feu, tout respire la vie, tout se renouvelle, la végétation est superbe, vigoureuse et produit une variété remarquable de fleurs, de fruits, des arbres de

haute futaie, des gommes, des épices, des aromates et sous
le sol des mines de charbon, d'or et d'étain. L'approche de
Poulo-Pinang, par la passe du nord, est remarquablement
belle et sa rade sûre et grande est remplie d'une forêt de
mâts de navires.

Une chaine de montagnes escarpées traverse la presqu'île
de Malacca, du nord au sud, et semble être une continuation
de celle qui commence à l'Himalaya, traverse l'Assam et
vient se terminer sans interruption marquante au cap Romania sur le détroit de Singapour, pointe la plus méridionale de l'Asie. De ces monts, dont quelques pics sont très
élevés, découlent des deux versants, bon nombre de ruis-
seaux et de rivières navigables. Ces petits cours d'eau
dirigés avec intelligence féconderaient les plaines, et les
rivières débarrassées des troncs d'arbres qui les obstruent
porteraient l'abondance dans les familles, en facilitant
l'écoulement de leurs produits.

Le voyageur hardi qui erre dans ces immenses solitudes,
rencontre de loin en loin des sites pittoresques qui reposent
agréablement sa vue et lui font oublier les fatigues éprouvées pour pénétrer dans l'intérieur des forêts, où nulle
route tracée n'aboutit : plaisirs, toutefois, que le voyageur
achète au prix de son sang, dont s'abreuvent abondamment
et sans pitié les sangsues des marais et des bois. La sangsue
des marais, nommée *linta*, est assez semblable à celle de
nos pays. La sangsue des bois nommée *patchiat*, mérite
une description particulière, il m'en reste bon souvenir.
Elle est plus petite et de beaucoup que la sangsue des
marais, elle est venimeuse, innombrable et fort incommode.
Elles s'établissent sur les branches, sur les troncs d'arbre
qui jonchent les sentiers, sur les brins d'herbe, partout,
pour s'élancer sur l'infortuné voyageur ; en vous piquant,

même à travers les habits, elles déposent un germe qui se
développe promptement et produit de nouvelles sangsues;
d'abord à peine perceptibles, elles grandissent vite et font
à qui mieux mieux le métier de leurs mères. Cette sangsue
fort intéressante et fort curieuse du reste, est douée d'un
instinct admirable pour sentir l'odeur du sang; maintes
fois, je me suis amusé à les considérer élevant leur trom-
pe, la balançant dans l'espace, et se diriger droit sur mon
pied, et changer immédiatement sa direction, lorsque, pour
l'éprouver, j'avais à son approche changé la position de
mon pied. La piqûre répétée de la sangsue des bois produit des ulcères difficiles à guérir, et lorsque plusieurs personnes suivent un même sentier, le dernier venu est sûr
d'attraper toutes les retardataires.

L'intérieur de la péninsule est entièrement couvert de
forêts primitives, où des ronces, des épines, des arbres, des
lianes, des rotins, des racines s'enlacent parfois de manière
à boucher absolument le passage et souvent ce n'est qu'à
l'aide de Parang (large coutelas), dont sont armés les guides,
que l'on parvient à se pratiquer un passage dans l'épais-
seur de la forêt.

A ces difficultés de voyage, sans parler du danger des
reptiles, des bêtes fauves et des Malais. plus dangereux
que les animaux du désert. ajoutez la difficulté de trouver
des guides sûrs et assez courageux pour vous introduire
dans l'intérieur du pays, des porteurs assez vigoureux pour
supporter les fatigues d'un voyage toujours pénibles, les
dépenses occasionnées par une excursion de quelques jours
seulement. Bien que chez les Malais l'hospitalité soit passée
en droit, et qu'en fait elle ne vous soit que rarement refusée,
il est d'usage que tout voyageur, étranger à leur religion,
se pourvoie pour lui et les siens. de tout ce dont il puisse

avoir besoin ; il doit non-seulement se pourvoir d'une couverture, d'habits de rechange, d'un traversin, d'une natte, mais encore d'une provision de riz pour plusieurs jours, de poissons secs, d'huile et de graisse, etc., etc. ; il doit de plus se munir des ustensiles indispensables de cuisine.

Quoique la presqu'île soit favorisée d'une manière particulière par la nature, elle est peu peuplée, peu cultivée, c'est à peine si à la descente des montagnes on trouve quelques plaines de riz, bordées de cocotiers, d'aréquiers, de palmiers et autres arbres à fruits ombrageant quelques maisons élevées sur des piliers plantés en terre et entourées d'une palissade formée généralement avec des tiges de bambou fendues. Les localités où résident les chefs Malais offrent des agglomérations de 50 à 100 maisons. Ces bourgades sont situées sur le bord des cours d'eau, donnant le nom au pays, ou bien dans de riantes plaines entourées de hautes montagnes. Ordinairement près de chaque maison Malaise l'on voit un *kandang* ou parc boueux pour renfermer des buffles. Il serait pourtant si facile, avec des bras et de la bonne volonté, de cultiver sur les montagnes la muscade, le girofle, le poivre ; dans les plaines la canne à sucre et le manioc ; dans les marais le riz, en canalisant les endroits qui en sont susceptibles, en conduisant l'eau où elle manque et en la faisant écouler là où elle surabonde. Je n'ai vu que sur deux ou trois points des travaux considérables exécutés dans ce but.

Le sol de la presqu'île est en général peu remarquable par sa fertilité, particulièrement sur le territoire Anglais de Malacca, mais les côtes, les rivières, les étangs et les rivières abondent en poisson, il suffit de faire un étang, de construire un barrage pour les voir se peupler de poissons. Souvent, après avoir creusé une fontaine, l'on est étonné d'y trouver quelques jours après, des petits poissons venus je ne sais d'où.

Les animaux domestiques, sont : les chats, les chiens, les poules, les canards, les oies, les cochons, les buffles, les chèvres. Le cheval n'est pas ou presque pas naturalisé dans la presqu'île ; il vient de Sumatra, de la Birmanie, de l'Australie et autres îles de l'Océanie, tandis que le bœuf est naturalisé dans le petit Etat de Kedah, ainsi qu'à Malacca. Les moutons pour la boucherie viennent du Bengale, ainsi que les bœufs ayant une bosse sur le dos. Les éléphants, que domptent les Siamois, vivent dans le sud de la péninsule à l'état sauvage. Les forêts abondent en sangliers, en cerfs, en poules des bois, en faisans, en singes, en boa, en reptiles et en toute sorte de bêtes féroces, le lion et l'hyène exceptés. En outre de l'étain, qui est la plus grande fortune du pays et que l'on trouve presque partout dans la presqu'île, les principales exportations consistent en cire, benjoin, résines, nids d'oiseaux, noix de coco, noix de pinang, tapioka (1), sagou (2), sucres (3), rotins, cannes ou joncs de

(1) *Tapioka*, fécule de la racine du Manioc. Le Manioc, originaire d'Amérique, appelé en Malais *oubi-kaïou* (igname ligneux), est un arbrisseau d'un à deux mètres de haut, il est palmé comme le chanvre et pousse par bouture comme la canne à sucre. Le manioc à tige et à racine blanche (*oubi-kaïou-pouteh*), est de qualité supérieure au manioc à tige et à racine rouge (*oubi-kaïou-merah*). Ce dernier est plus abondant que le premier, et pour être mangé impunément il doit être préalablement plongé pendant plusieurs jours dans l'eau. Le *tapioka* est souvent appelé dans le commerce *sagou-blanc*, mais c'est improprement, puisqu'il n'est pas extrait d'un palmier.

(2) *Sagou*, substance spongieuse, glutineuse et farineuse qu'on retire de la moelle des palmiers. Le plus estimé est celui que produit le sagoutier nommé roumbea. Le sagou préparé est un peu rouge, et s'il est granulé il se nomme *soudji*. On granule le *sagou*, de même que le *tapioka*, en le roulant dans une toile blanche.

(3) Sucre (*goula*). La presqu'île de Malacca produit plusieurs sucres, celui de canne et celui de palmier. Le sucre de canne se vend en cassonade, le climat ne permettant pas de le raffiner, de le blanchir et durcir au même degré qu'en Europe.

Les principaux sucres Malais, tous mis en tablettes rondes et ployées dans des feuilles de palmiers, sont : le *goula-kabong*, nommé aussi *goula-malaïou* et *goula-houlou*, est un sucre grossier et rouge : le *goula-klapa*, sucre jaune provenant du cocotier : le *goula-roumbea*, sucre rouge du palmier *roumbea*. Ces deux derniers sucres, en tablettes plus petites, sont supérieurs en qualité au premier.

Malacca, cornes de buffle, ivoire, poudre d'or, bois de sapan, d'ébène, peaux de diverses espèces, Gommes connues sous les noms de Damar et Getah.

CHAPITRE IV.

Les mines.— Les plantations. — Maladies du muscadier, du giroflier et de la canne
à sucre. — Le manioc. — Le poivre. — Le gambier. — Les gommes.

Le sol de la péninsule Malaise offre dans toute son étendue de nombreuses mines (1) d'or, d'étain et de charbon.
Celles de charbon, situées dans la partie Siamoise de Poulo-
Pandjang et de Ligor, ne sont point exploitées jusqu'à ce
jour; le charbon est de bonne qualité et il est à la surface.
Le gouvernement Siamois ne le laisse pas exploiter dans
la crainte d'attirer les Européens sur la côte occidentale de
son royaume.

Le minerai d'or et d'étain est aussi quelquefois à la
surface, mais le plus ordinairement dans la profondeur de
la terre, presque toujours dans les vallées, dans les plaines
et rarement sur les plateaux. L'or se trouve sous forme de
paillettes dans le sable des rivières; sous forme de poudre
confondue et mêlée au minerai d'étain, qu'il suffit de laver
pour en opérer le triage : d'autres fois l'or est enveloppé dans
une gangue de silex à veine jaune. Les mines d'or de la
presqu'île ont dû être très considérables dans les temps
passés, ainsi que semblent l'indiquer les excavations prati-

---

(1) Le *régent*, célèbre diamant de la couronne de France, fut trouvé à Golconde
(Inde) selon les uns, à Chandernagor (Bengale) selon les autres, mais plus probable-
ment à Malacca. Ce diamant acheté par Thomas Pitt, grand-père de William Pitt,
gouverneur du fort Saint-Georges à Madras, pèse 136 carats (29 grammes). Le *régent*
n'est pas le plus gros diamant connu, c'est le plus remarquable par sa perfection,
sa limpidité et la beauté de sa taille : il fut acquis en 1717 par le duc d'Orléans (régent de France) pour une somme de 3 millions environ.

D'après certains auteurs Thomas Pitt l'aurait acquis d'une manière peu correcte :
« Un esclave l'ayant trouvé dans une des mines de Malacca s'était creusé, dit-on,
une plaie afin de l'y cacher dans sa jambe. L'esclave fut arrêté, mis à mort et le
diamant délivré de son étrange prison. »

quées tout autour du Mont-Ophir. L'on trouve l'or partout, mais nulle part aujourd'hui en quantité suffisante pour l'extraire avec profit.

Les mines d'étain sont plus nombreuses et plus lucratives que celles d'or, aussi sont-elles fouillées avec ardeur par les Chinois. Quelques Sauvages et quelques Malais travaillent dans l'intérieur à creuser l'étain à la surface, mais ils sont incapables d'ouvrir une mine large et profonde. Un Chinois qui a la fièvre des mines, et tout Chinois en est atteint, consulte au préalable un *Pavang-tima* (1) pour choisir un terrain. Son terrain trouvé, il cherche un bailleur de fonds, qui pourvoit à l'outillage et fournit le riz, le poisson sec, etc., tout ce qui est nécessaire pour nourrir les *kouli* ou ouvriers mineurs. Cela trouvé, il appelle des compagnons, convient d'un gage mensuel et assure une part du bénéfice à tous les membres du *kounsih* ou société.

Si la mine est abondante, riche, tout le monde a du gain ; si elle n'est que suffisante, deux hommes seuls ont du profit, le fournisseur et le Taoukeh (le chef des ouvriers) ; si la mine est improductive, tout le monde est ruiné, personne ne se plaint et chacun n'aspire qu'à recommencer dans l'espoir cette fois de tomber sur un riche filon. Les principales mines d'étain de la presqu'île sont celles : de Jougselang, de Ponggah, de Songei-Houdjong, de Klam, de Loukout, de Perak. Sur le territoire Anglais de Malacca, les mines sont épuisées, même celles

---

(1) Pavang (sorcier, devin, médecin). Les pavang sont toujours consultés pour tous les travaux et entreprises de quelque importance ; chaque pavang a sa spécialité ; le plus recherché est le pavang-tima ou sorcier des mines d'étain. Les pavang sont honorés chez les Malais, les Chinois et chez les Sauvages. Les pavang Sauvages sont plus recherchés que les autres, par la raison qu'habitant dans l'intérieur du pays, ils doivent mieux connaître la nature des terrains et en mieux sonder les profondeurs et découvrir les trésors cachés dans la terre.

de Kessan ; dans le Sud elles sont peu productives, et peu nombreuses : il en existe pourtant plusieurs sur le territoire de Djohor. Plusieurs chefs de districts de l'intérieur de la presqu'île ne veulent pas laisser ouvrir des mines d'étain sur leurs territoires, par la raison que les mineurs bouleversent le sol en creusant des fosses larges et profondes, qu'ils ne comblent jamais. Les mines donnent un lucre passager et ruinent totalement le pays pour des siècles, sinon pour toujours et souvent en pure perte.

Au début de l'arrivée des Anglais à Poulo-Pinang, à Malacca et à Singapour, des plantations de sucre, de noix, muscades et de clous de girofle furent ouvertes sur une très grande échelle. Ces plantations réussirent parfaitement et leurs produits enrichirent les planteurs ; mais cet état de choses si prospère ne réussit pas très longtemps, un ver rongeur détruisit la canne à sucre, le giroflier s'affaiblit peu à peu et a fini par disparaître complètement des détroits ; les muscadiers, qui ornaient et embaumaient si bien les plaines, les coteaux et les montagnes, furent attaqués par une espèce d'*oïdium*, qui fit que la poire du muscadier s'ouvrit ne présentant plus qu'une noix blanche et molle ; quelques années plus tard, une nouvelle maladie, assez semblable au *phylloxéra,* qui détruit nos vignes en France surtout, attaqua le muscadier ; les arbres les plus beaux, les plus forts périrent en peu de temps et les plants nouveaux importés des Molusques, d'où le muscadier est indigène, eurent le même sort, dès qu'ils furent assez grands pour donner des fruits. Il n'existe plus de plantations de muscades dans les détroits.

Les cannes et les muscadiers ont été remplacés par une culture nouvelle, celle du manioc, vulgairement appelé Oubi-Putch et Oubi-Merah, d'où l'on extrait une fécule nommée dans le commerce Tapioka (1). La province Wellesley est couverte de cette plante qui donne un produit très rémunérateur.

Dans la partie sud de la péninsule, dépendante de Tomongong, les Chinois ont ouvert de grandes plantations de gambier, de poivre et de manioc. A Malacca, il y a aussi des plantations de poivre, de gambier et de manioc, exploitées aussi par les Chinois. Le Tomongong voulant tirer un revenu net de son territoire de Djohor, l'a divisé par rivières, qu'il livre à l'exploitation absolue d'un Konsih. Le chef de la rivière nommé en chinois Kantchou, est seul maître d'ouvrir des plantations, il a les attributions d'un magistrat. Le Kantchou seul peut vendre ou faire vendre l'opium, l'arak, la viande de porc et tenir les jeux ; l'opium et l'arak doivent être pris par le Kantchou chez les fermiers auxquels le Tomongong a vendu le monopole de ce commerce. Dans chaque plantation il y a deux grandes maisons ou établissements communs, le Bangsal et le Kangka ; le Bangsal est la maison commune du Konsih, où habitent les ouvriers, c'est l'établissement où l'on abrite et prépare les denrées ; le Kangka est l'entrepôt général servant à tous les Bangsals. C'est là que logent le Kantchou et les étrangers de passage, c'est là que se vendent l'opium, l'arak et le porc ; c'est là aussi où se tiennent les jeux. Le Kangka correspond assez exactement à la mère des compagnons de France.

La presqu'île produit des gommes élastiques appelées getah et des gommes-résine appelées damar. Les principales gommes élastiques, sont : le getah-gambir, suc provenant d'une plante grimpante appelée gambier ; getah-greh,

---

(1) Voir la note 1, page 28.

espèce de gomme élastique d'une qualité inférieure à la gomme-gutte ; getah-pertehia ou guta-perka, la gomme-gutte, qui provient d'un arbre de haute futaie auquel on fait de larges et nombreuses incisions ; getah-laban, gomme inférieure au getah-pertehia. Les espèces de gomme-résine sont : damar-batou, damar-krouin, damar-mata-koutching et damar-miniak, auxquelles il convient de joindre le koumi-nian ou l'encens et le keloulout, espèce de benjoin produit par des mouches-abeilles. Le damar-batou, résine-pierre se trouve en grosse masse durcie au pied de l'arbre dont elle dégoutte et sur sa rude écorce ; le damar-batou est blanc ou noir, damar-batou-pouteh et damar-batou-itam ; le damar-krouin ou seian est supérieur, il est mou au toucher et fait d'excellentes torches. Le damar-mata-koutching, résine fine, transparente, la plus précieuse résine, découle d'un arbre qui donne un bon petit fruit, nommé mata-koutching (yeux de chat), c'est le lichi de Chine. Le damar-miniak, huile de damar, s'obtient en faisant une entaille dans l'arbre et en y mettant le feu pendant quelques minutes. C'est avec cette huile mélangée avec du bois pourri, du damar-batou, que l'on fait les torches de résine, dont on se sert la nuit en guise de lampe et de flambeau.

CHAPITRE V.

La presqu'île de Malacca est, ainsi que je l'ai déjà dit, le
rendez-vous commun et accepté de tous les peuples du
globe. Outre des Anglais, des Français et des Allemands,
on y rencontre des Américains, des Africains, des Juifs,
des Arabes, des Persans, des Indiens de toutes les côtes,
des Chinois, des Annamites, des Siamois, des Birmans, des
Javanais, des Bougis et autres peuples de l'Océanie. Après
avoir énuméré les diverses races qui fréquentent ou habitent la presqu'île, arrêtons-nous particulièrement sur les
Malais, les Chinois et les Indiens.

Les Malais appelés Malaïou (1) ou Orang di bavah-angin
(2), ont le teint basané, les yeux grands, étincelants, les
cheveux longs, lisses et noirs, le nez plat et la bouche large,
ils sont robustes, nerveux, rusés, violents, vindicatifs,
féroces à la guerre, indolents par caractère et paresseux
par goût. Bien des hypothèses ont été faites par les savants
sur l'origine de ce peuple, les uns les font venir de l'Inde

(1) Malaïou, mot qui, selon les uns, vient du Tamoul, maley (montagne), ou du
sanscrit, Malaïa (chaîne de montagne, les Ghattes); selon d'autres, d'une rivière de
Sumatra près de Palembang, appelée Songei-Malaïou, d'où les Malais se disent eux-
mêmes être originaires.

(2) Orang di bavah-angin, c'est-à-dire, hommes habitant sous le vent, expression
en usage pour désigner les peuples à l'orient de la pointe d'Achem, tels que les Malais de la presqu'île et des îles de la Malaisie : Orang di atas-angin, c'est-à-dire,
hommes sur le vent, veut dire les peuples à l'occident de la pointe d'Achem, tels que
les Arabes, les Persans, les Indiens. M. W. Marsden, dans sa grammaire Malaise a
fait une dissertation pour expliquer le sens de ces mots : Orang di bavah-angin et
Orang di atas-angin.

les autres les déclarent être aborigènes, soit de la péninsule, soit de Menang-kabou (1). Les savants sont encore partagés de sentiments au sujet de la race à laquelle appartiennent les Malais, les uns les disent issus de la race blanche croisée avec la race jaune, d'autres, avec plus de raison peut-être, disent que les Malais forment une race à part, la race des Océaniens-jaunes. Les Malais sont répandus dans la presqu'île ; libres possesseurs naturels de toutes les richesses, que tant d'autres se disputent, le Malais préfère le repos, une vie plus retirée, plus tranquille ; pourvu qu'il ait du riz et du poisson sec à manger, du bétel à chiquer, du tabac à fumer et des étoffes légères pour se couvrir, cela lui suffit ; il possède des mines d'or, des mines d'étain en très grand nombre, les laisse exploiter par les étrangers et se contente d'en tirer une redevance s'il est chef, et quelques poignées de riz s'il habite dans le voisinage. Le Malais, paresseux par nature et par goût, préfèrera toujours une vie même de privation, à une vie plus aisée, dès qu'il faudra l'acheter par un travail soutenu et réglé ; il n'a pas même toujours le bon esprit, dans beaucoup de districts que j'ai parcourus, de chercher à peupler sa solitude en attirant des Chinois, qui chaque année émigrent de leur pays ; de les protéger, de chercher à les attacher au sol, en leur donnant des terrains dont il ne tire pas parti. Souvent le Malais laisse établir et travailler le mineur, et lorsque celui-ci cherche à regagner un port de mer, emportant avec lui sa poudre d'or, fruit

---

(1) *Menang-Kabou* (Menang, vaincre, et Kabou pour Krebou, buffle, la victoire du buffle sur le tigre), royaume Malais, célèbre dans l'histoire de Sumatra, est situé dans l'intérieur de cette île. Menang-Kabou est regardé par les Malais comme leur mère-patrie ; là, nulle tradition ne conteste cette opinion, que les Malais sont venus de Sumatra dans la péninsule Malaise.

de son labeur, le Malais va bravement se poster derrière
un arbre et quand le confiant mineur franchit l'endroit
fatal, son courageux adversaire le tire à bout portant, ou
le perce de son kris, s'empare de son or, et disparaît dans
la profondeur de la forêt. Le chef Malais, au lieu de faire
rechercher et punir le coupable, trouve un subterfuge et
partage le plus souvent avec lui. Les chercheurs d'étain,
plus nombreux, sont moins exposés que les chercheurs
d'or, néanmoins, combien qui, chaque année, disparaissent
de la sorte. Souvent même des bandes de Malais, auxquels
se joignent des Chinois fumeurs d'opium, vont attaquer en
plein jour les chercheurs d'étain jusques dans leurs maisons. Autre signe caractéristique. Il existe dans les forêts
de Malacca et de Sumatra, une gomme, connue dans le
commerce sous le nom de gomme-gutte, extraite d'un
arbre très long à venir. Cette gomme deviendra d'autant
plus rare, que les Malais, pour l'extraire plus abondamment, plus vite et surtout avec moins de peine, au lieu de
faire de larges entailles à l'arbre pour en extraire journellement le suc laiteux, l'abattent. Le Malais, égoïste et
imprévoyant pour sa postérité, préfère en finir en un seul
jour avec son arbre, dans la crainte, qu'en son absence,
un voisin ne vienne puiser à la même source. Les Malais,
sur les côtes et sur les grands cours d'eau, s'adonnent
principalement à la pêche, à l'extraction des rotins, des
résines, et des bois de construction et de chauffage, au
moyen des buffles ; dans les terres élevées, ils abattent la
forêt, la brûlent, sèment le riz de montagne, plantent des
bananiers, quelques boutures de canne à sucre, du
manioc, des patates douces et piquent des ignames. Cette
plantation s'appelle Ladang, elle dure au plus deux ans ;
sur les petites rivières et les marais peu profonds, ils cul-

tivent des rizières, et là où les buffles sont impuissants à
en défoncer le fond en le piétinant, les femmes sont char-
gées de ce soin. Le terrain préparé, le Malais le laboure,
fait son semis *(semaï)*, et le riz germé et arrivé à son troisième nœud, les femmes le transplantent et l'homme inon-
de la rizière, divisée en carreaux bordés d'un petit tertre
faisant étang.

Un dernier trait qui caractérise les Malais, est celui-ci.
L'homme est roi, la femme une chose, une esclave, tout ce
qui est pénible est pour elle et si vous rencontrez sur votre
route une famille Malaise, invariablement vous verrez
tous les membres chargés et le maître venir gravement le
dernier, n'ayant d'ordinaire pour tout fardeau, qu'un
kris (1), une lance ou même une arme à feu.

Parmi les races étrangères à la presqu'île, celle qui est
sans conteste supérieure à toutes les autres et la plus acces-
sible au christianisme, c'est la race Chinoise ; c'est celle qui
offre le plus de garantie, le plus d'avenir, c'est la plus
intelligente, la plus forte, la plus laborieuse, la plus éco-
nome, la plus vivace, la plus âpre au gain, c'est celle que
la Providence semble destiner, dans un temps, peut-être,
prochain, à dominer dans l'Indo-Chine. Chaque année des
navires expédiés en Chine, déposent au retour dans la
Malaisie, et dans la presqu'île spécialement, des milliers de
Chinois que la faim et l'esprit d'aventure poussent hors le
Céleste-Empire. Depuis quelques années, les Chinois qui se
sont fait une position en Malaisie, font venir leurs femmes

---

(1) *Kris*, poignard malais, arme terrible, dont la lame ondulée est ordinairement
empoisonnée. Le kris est l'arme favorite des Malais et lorsque la lame est artistement
damassée, il atteint un prix très élevé. Le kris se pend à la ceinture, et tout Malais
en est pourvu dès qu'il quitte sa demeure.

et leurs enfants et toutes les défenses du Fils du Ciel seront impuissantes à arrêter cette émigration. Les Chinois émigrants, que l'on nomme Singkeh (nouveau venu) servent pendant un an celui qui paye pour eux le passage au capitaine qui les a transportés. L'année expirée, les Singkeh peuvent se faire comprendre, ils ont une idée du pays et des habitants, ils se sont créé des relations, ils sont libres. Partout, le Chinois se montre intelligent, travailleur, entreprenant, hardi, téméraire jusqu'à l'excès, lorsqu'il s'agit de faire fortune, mais comme le commun des hommes, à côté de leurs qualités ils ont leurs défauts, ils sont menteurs et voleurs. Peu importe au Chinois le genre de spéculation, le métier, l'industrie, pourvu qu'il gagne de l'argent ; ils sont domestiques, charpentiers, maçons, forgerons, armuriers, cordonniers, tailleurs, orfèvres, jardiniers, laboureurs, matelots, pêcheurs, planteurs, chercheurs intrépides d'or et d'étain, ils sont scieurs-de-long, boutiquiers, marchands, négociants, ils sont partout, font tout, accaparent tout. La vie en un mot paraîtrait impossible dans les centres Européens, si les Chinois venaient à disparaître de la Malaisie.

Les Indiens, Orang-Indou, Orang-India, sont, après les Chinois, les étrangers les plus nombreux dans la Malaisie, ils fréquentent l'Indo-Chine depuis les temps les plus reculés, ainsi que l'attestent les monuments trouvés à Java et l'établissement du Bouddisme, dont l'île de Java en particulier garde les traces ineffaçables, même après l'introduction du Mahométisme. Les Indiens en deçà du Gange sont principalement représentés par les Kling (1), habitants des

---

(1) *Kling* (abréviation de kalinga), nom donné aux Indiens, appelés ailleurs Indous, Malabars et Tamouls. Le nom de Kling n'est en usage que dans les pays de Java, de Sumatra et la presqu'île Malaise.

côtes de Coromandel, et par ceux au delà du Gange, les Bengali ou habitants du Bengale. Dans l'Indo-Chine les Indiens sont pasteurs, cultivateurs, domestiques, garçons de table (boy), cuisiniers des Européens, et nul mieux qu'eux ne sait préparer le Carry; ils sont cochers (*sahis*), loueurs de voitures, changeurs, marchands et négociants. Un grand nombre d'Indiens sont fantassins dans l'armée Anglaise et sont désignés sous le nom de Sipahi au Sipaï.

De même que les Chinois, les Indiens ont leurs temples et leurs fêtes religieuses et observent les castes moins rigoureusement que dans l'Inde.

CHAPITRE VI.

L'île de Jongselang (1), située à l'entrée nord du détroit
de Malacca, faisant partie du royaume de Siam, fut envahie
au commencement de ce siècle (1811) par les Birmans.
Cette chrétienté Siamoise était très florissante, elle s'éten-
dait sur toute l'île et sur plusieurs points du continent, elle
était régie par deux pères ; la charmante bourgade de Tharuat, située au centre de l'île, était le centre de la mission.
Les Birmans s'emparèrent de l'île de Jongselang et des
divers postes chrétiens sur le continent, brûlèrent Tharuat,
rasèrent l'église, les écoles et le presbytère, ils furent particulièrement cruels pour les chrétiens, qui les avaient
combattus avec courage. Les Birmans victorieux, empilè-
rent dans des barques, remorquées par leurs bâtiments,
tous les chrétiens qui ne purent se réfugier dans l'épais-
seur de la forêt, les deux pères furent faits prisonniers,
et l'un d'eux, le père Rabeau périt dans la traversée par
la main de ces infidèles. Pendant une nuit d'orage, à la

---

(1) Jongselang, du Malais *Djong* pour *Oudjong*, cap, pointe, et *salang, selang*,
hirondelle, est une île du royaume de Siam, remarquable par la beauté de son climat
et la fertilité de son sol, comme par la quantité et la qualité de son étain. Cette île
offre une rade sûre, qui fut visitée par nos navires de guerre français sous Louis XIV
et sous Louis XVI. En 1845 et 1846, Jongselang était régie par deux gouverneurs
rivaux ; celui du nord résidant à Mong-Maï était pauvre, tandis que celui du sud
à Tongkah était riche par ses mines d'étain.

faveur de l'obscurité, plusieurs bateaux montés par les chrétiens, purent se séparer des bâtiments Birmans en coupant les
amarres et échapper ainsi à une dure captivité. Parmi
les chrétiens échappés à l'invasion, plusieurs s'obstinè-
rent à ne pas quitter le sol natal, les autres en très grand
nombre, émigrèrent vers le sud, en cotoyant et séjour-
nant sur les terres de Ligor et de Kédah, et finirent par
se réunir à Poulo-Pinang et donnèrent naissance à l'intéressante paroisse de Poulo-Tikous, dont je fus, de longues années après, l'un des pasteurs.

A cette époque tous les pays Siamois et Malais de la
péninsule, ne formaient qu'une seule mission, qu'un seul
vicariat, gouverné par un vieil évêque, résidant à Bangkok, aidé, secondé par trois ou quatre missionnaires également âgés. La Congrégation des Missions-Etrangères
établie rue du Bac, ayant été dépouillée par la grande révo-
lution, de ses immeubles, se trouvait par ce seul fait impuis-
sante à alimenter de sujets nos missions de l'Extrême-Orient
et même de correspondre avec elles. La tourmente révolu-
tionnaire passée, l'ordre étant revenu avec Napoléon Ier,
nous pûmes, grâce à la Providence, racheter le séminaire,
nous réorganiser, nous recruter de nouveau et à tel point,
qu'en 1838, il fut possible au pape Grégoire XVI, de diviser la mission de Siam en deux vicariats.

La société des Missions-Etrangères, que nous voyons
aujourd'hui au premier rang de l'apostolat moderne, végé-
tait au début de sa restauration, c'est à peine si elle
parvenait à combler les vides que la mort faisait annuel-
lement dans nos cinq missions, mais à partir de l'époque
de ses premiers martyrs (1815), elle a constamment progressé. Le sang de ses missionnaires est devenu pour elle
une semence d'apôtres. Dans ces derniers temps, elle a

dû agrandir son séminaire et se préoccuper de fonder des bourses pour l'entretien de ses aspirants tant philosophes que théologiens, et faute de ressources suffisantes en borner le nombre de 150 à 160.

L'état actuel de la société des Missions-Etrangères au commencement de 1885, est celui-ci :

Catholiques 900,000 : infidèles 7,000,000 ; total des baptêmes en 1884, 170,030 ; missions 25 ; évêques 29 ; missionnaires 735 ; prêtres indigènes 421 ; catéchistes 2,048 ; églises et chapelles, 2,521 ; séminaires 35 ; élèves séminaristes 1,594 ; écoles et orphelinats, 2,018 ; élèves 46,171 ; députés des missions et directeurs du séminaire de Paris, 12 ; professeurs et directeurs du collège général de Pinang 10 ; procureurs à Rome, Marseille, Singapour, Hong-Kong et Sanghai 8 ; supérieurs des sénatorium de Hong-Kong et Hyères 2.

La société des Missions-Etrangères compte 119 membres morts pour la foi ; sur ce nombre, 17 sont déclarés vénérables, 9 dont le premier procès de canonisation n'est pas terminé.

Mgr Pallegois, du titre de Mallos (1), devint vicaire apostolique (2) de Siam, et Mgr de Courvezie, du titre de Bide,

---

(1) Mgr Pallegois ayant le titre de Mallos, était un missionnaire distingué, c'était un véritable savant et un linguiste émérite. Mgr de Mallos est l'auteur d'une histoire de saint François Xavier, écrite dans sa jeunesse, d'une histoire du royaume de Thaï ou Siam et d'un dictionnaire in-folio Polyglotte, Siamois, Latin, Français et Anglais. Mgr Pallegois était très estimé à la Cour du roi de Siam.

(2) Vicaires-Apostoliques, *vicarii apostolici*, évêques *titulaires*, connus dans ces derniers temps sous le nom d'évêques missionnaires, sont des prêtres revêtus du caractère épiscopal, que le Saint-Siège envoie dans certaines contrées où la hiérarchie ecclésiastique n'existe pas, pour y exercer la charge pastorale de l'épiscopat. La juridiction des Vicaires Apostoliques n'est pas attachée à un siège, elle est déléguée, révocable et renouvelable tous les dix ans ; ils portent le titre d'un ancien évêché disparu. Les pouvoirs temporaires des Vicaires-Apostoliques sont plus étendus que ceux des évêques *résidentiels* ou évêques diocésains. Le prêtre de leur choix, qui remplit les fonctions d'un Vicaire-Général, s'appelle Pro-Vicaire, et le pays sur lequel s'étend la juridiction du légat du Saint-Siège, Vicariat-Apostolique. L'institu-

son consécrateur, vicaire apostolique de la presqu'île de Malacca. Un des premiers soins de Mgr de Bide en prenant la direction de sa nouvelle mission, fut d'envoyer à Malacca deux missionnaires pour y fonder la mission et y combattre le schisme de Goa (1), fomenté et alimenté par trois prêtres venus de cette métropole, siège d'un archevêque, prenant le titre de Primat de l'Inde, et chef-lieu aussi de la vice-royauté Portugaise de l'Inde, comprenant dans l'Indoustan Goa, Daman et Diu, Macao en Chine, Timor, Sabrao et Solor en Malaisie. Le choix de Sa Grandeur tomba sur deux prêtres de valeur : M. Beurel (2) et M. Bigandet (3).

Pour prouver et établir d'une manière incontestable, combien l'arrivée de nos missionnaires à Malacca était urgente, nécessaire même, pour relever cette vieille chrétienté, il me suffira de citer le fait suivant. J'affirme que depuis l'arrivée des prêtres de Goa, nul d'entr'eux n'a cherché à étendre le royaume de N.-S. J.-C. chez les

---

tion des Vicaires-Apostoliques remonte au iv° siècle. « Le Chef suprême de l'Eglise, « dit le pape Innocent III, par cela même qu'il est homme ne pouvant se trouver à « la fois en plusieurs endroits, ni se rendre sur les ailes du vent dans les contrées « les plus lointaines, s'y fait représenter par les Légats, juges et mandataires de son « pouvoir, afin que la marche des affaires n'en souffre pas. » Le Pape Léon XIII a supprimé la dénomination d'évêques *in partibus* et il a voulu que cette dénomination fut remplacé par le mot *titulaire*. Dans l'annuaire imprimé à Rome, tous les sièges épiscopaux sont divisés en sièges résidentiels et en sièges titulaires. Ainsi nos évêques de France ont des sièges résidentiels et nos vicaires apostoliques des sièges titulaires.

(1) V. la note à la fin du chapitre.

(2) M. Beurel, méconnu à Malacca, fit merveille à Singapour, c'est à lui qu'on doit l'église et sa belle flèche, le presbytère devenu l'évêché et les deux grandes et magnifiques écoles, qui encadrent si bien son église. L'école des garçons est actuellement sous la direction des frères de la doctrine chrétienne et celle des filles sous la direction des sœurs du Saint-Enfant-Jésus. M. Beurel était une autorité à Singapour et son souvenir y vivra longtemps.

(3) Mgr Bigandet, évêque missionnaire de la Birmanie méridionale, est un linguiste distingué, le traducteur en Malais de plusieurs ouvrages de piété. Sa Grandeur a contribué pour une large part à l'établissement à Poulo-Pinang de l'école des Frères de la doctrine chrétienne et à celle des sœurs du Saint-Enfant-Jésus.

SINGAPOUR

Vue générale, et cathédrale bâtie par le P. Beurel.

infidèles. Si de loin en loin, un païen, poussé par une grâce particulière de Dieu, est venu demander le baptême, la réponse constante a été : Il faut avant tout renoncer à ta nationalité, te faire Portugais, c'est-à-dire prendre le costume portugais, en accepter les usages, la manière de vivre et apprendre *la lingua de Christan*, la langue chrétienne, traduisez : la langue portugaise. Ce système était commode pour le prêtre de Goa, mais pour sûr, il n'était pas conforme au plan divin, suivi, pratiqué par les apôtres.

A l'arrivée de MM. Beurel et Bigandet, le schisme de Goa, nouveau dans la presqu'île, était dans toute sa force, soutenu, ostensiblement favorisé par la sympathie des protestants et par une allocation annuelle de la Compagnie des Indes (1). La presque totalité de la population portugaise resta fidèle au père Gomès, et c'est à peine si trois ou quatre familles, imitant celles des Souza, osèrent se déclarer pour nous ; dans ces conditions nos deux confrères échouèrent et durent se retirer, après avoir acheté une maison hollan-

----

(1) La Compagnie des Indes, arrivant à Malacca à la suite des Hollandais, qui avaient parqué les Portugais à Boungraia (*Bounga-raia*, laurier-rose, fleur royale, *Hibiscus rosa-Sinensis*) après les avoir dépossédés de leurs églises, fit acte de justice et de bonne politique en les protégeant, elle alloua aux prêtres Portugais une forte pension, dont la majeure partie était destinée aux écoles. Bien qu'au su et au vu de tout le monde pas une obole ait été employée pour l'instruction de la jeunesse Portugaise, les pères de Goa n'en ont pas moins régulièrement touché chaque année la somme entière. Les schismatiques étaient très fiers de cette faveur de la Compagnie et l'exploitaient contre nous aux yeux des simples et des ignorants, qui nous traitaient de *Ladran* (voleurs).

Le gouvernement de la Reine ayant remplacé la Compagnie des Indes comprit qu'il était juste et convenable de faire dans les détroits, ce qu'il faisait dans les colonies de l'Inde : propager la lumière, l'instruction, la civilisation par l'établissement des écoles indigènes ; il comprit tout le ridicule qu'il y aurait à continuer de donner pour des écoles à ceux qui n'en veulent pas avoir et de refuser une assistance aux missionnaires français, qui s'efforcent d'ouvrir des écoles partout où ils s'établissent. Dans cet ordre d'idées, j'adressai un mémoire au gouverneur, qui me fit allouer un secours annuel pour mes écoles des Sauvages ; mes confrères ayant suivi mon exemple, virent leurs demandes couronnées d'un égal succès.

daise dans l'ancien fort (*Kota*), qui nous servit pendant plusieurs années d'habitation et de chapelle. Mgr de Bide s'étant retiré, Mgr Boucho lui succéda, son premier acte fut de reprendre l'œuvre avortée de son prédécesseur. Il envoyâ tout d'abord à Malacca, M. Favre (1) et M. Dastugue (2). M. Favre, qui avait déjà étudié le chinois, devait s'occuper d'établir cette mission et rester en même temps à la tête de la mission portugaise.

En 1846, M. Favre, ayant entendu parler des sauvages de la presqu'île Malaise, voulut les connaître. Dans ce but, il parcourut la partie Sud-Ouest, comprise entre Singapour et Malacca, il remonta les rivières de Benot et de Mouar. Sur les rapports favorables qu'il adressa à Mgr Boucho, la création de la mission des sauvages fut résolue et à mon retour de Jongselang, où le père Ducotey et moi n'avions pu réussir à nous établir, Mgr d'Atalie me chargea de cette mission. Nous étions en 1847.

L'île de Jongselang, bien que Siamoise, fut donnée à évangéliser à l'évêque de la presqu'île, parce qu'il était plus facile à ce dernier d'y envoyer des missionnaires, qu'à celui de Siam.

A la fin de 1845, le père Ducotey avàit été envoyé à Jong-

---

(1) M. Favre, savant orientaliste, professeur de Malais et de Javanais à la Sorbonne, est l'auteur d'une Grammaire Javanaise, d'une Grammaire et d'un Dictionnaire Malais en quatre volumes grand in-octavo. Ce dernier ouvrage est une œuvre magistrale et scientifique. La grande œuvre de M. Favre à Malacca, est d'avoir fait et dressé le plan de la belle église gothique, qui orne si bien la cité, d'en avoir réuni les fonds nécessaires et d'en avoir commencé sa construction en 1849 ; la maladie lui a empêché de la terminer. Cet honneur fut réservé au père Allard, son successeur en 1859, lequel à son tour en construisit une seconde dans le quartier nommé Banda-Hiler.

(2) M. Dastugue, faible et maladif, était remarquable par son intelligence et sa grande piété. Ce cher ami, dans le but de me faciliter l'étude des principes de la langue Malaise, composa pour mon usage un abrégé de la Grammaire Malaise de M. Marsden que je serai heureux de publier avec mon dictionnaire, lorsque la Providence m'en fournira les moyens.

ÉGLISE DE MALACCA

Bâtie par le P. Fabre.

selang pour visiter les chrétiens qui avaient survécu à l'invasion Birmane. Le gouverneur du nord de l'île craignant de se compromettre ne voulut pas permettre au père Ducotey de s'y fixer, prétextant qu'il n'était pas pourvu de l'autorisation du premier ministre, le Barcalon. Sur l'assurance positive de Mgr de Mallos, donnée à Mgr d'Atalie, que le Barcalon avait promis d'expédier à Jongselang la permission de nous y établir, je fus adjoint à mon ami, le père Ducotey. Nous arrivâmes à notre poste de combat en décembre 1846. Les chrétiens prévenus de notre arrivée, vinrent nous chercher à bord de notre barque et nous témoignèrent beaucoup de joie ; précédés du tam-tam des anciens pères (1), nous arrivâmes au village de Para, à la maison du bon et excellent père de famille Paulo. Para est situé au pied des montagnes, non loin de la mer, dans la partie nord-est de l'île. Nos bagages déchargés et rangés, nous fîmes prévenir le gouverneur de notre arrivée et demander une audience. Le lendemain nous nous rendîmes à Mong-Maï, résidence du gouverneur. Son palais construit selon le style Siamois, se compose de trois bâtiments rangés sur la même ligne et entourés d'une cour vaste et bien nivelée ; introduits dans la salle d'audience, vaste pièce dépourvue de cloisons, comme de tout ornement et ouverte à tous les vents, nous saluâmes Sa Grâce à la française, et prenant place sur deux chaises préparées pour nous, nous nous y tînmes constamment assis, tandis que les Siamois et les Chinois présents à la réception, restèrent toujours accroupis, les mains jointes et la tête inclinée et prêts à répondre à toutes les propositions du gouverneur par l'inévi-

____

(1) Tam-tam, instrument de musique, tant Indien que Chinois, de forme ronde, dont le disque de métal peu épais, produit par la percussion un son très retentissant. Il tient lieu de tambour.

table et traditionnel *Kourap*, que l'on peut traduire par *Amen*, ainsi soit-il. Sa Grâce était assise, les jambes croisées sur une natte aux vives couleurs, placée sur un plancher fait en estrade, la tête découverte, rasé, ne conservant qu'une touffe de cheveux sur le sommet du front (c'est le toupet traditionnel des Siamois), les pieds nus, les épaules couvertes d'un gilet à manches et brodé d'or, le milieu du corps enveloppé d'une étoffe de couleur, formant ceinture, dont les deux bouts viennent s'accrocher à la partie inférieure du dos. De temps à autre, Sa Grâce se donnait pour appui une large meule carrée de riz en épis, artistement construite sur l'estrade. Nous présentâmes la lettre de Mgr de Mallos, annonçant la lettre du Barcalon. Sa Grâce nous reçut très bien et accepta avec un plaisir visible les quelques cadeaux que dans notre pauvreté nous pûmes lui offrir. Le gouverneur était un homme âgé, faible et ombrageux ; dans sa jeunesse il avait fréquenté les écoles des anciens pères à Tharrat et en avait gardé, disait-il, un bon souvenir. Il demanda nos noms, ceux de nos deux catéchistes et de nos deux servants de messe, et après avoir causé avec le père Ducotey sur les affaires de Poulo-Pinang, il nous offrit des sucreries, auxquelles nous goûtâmes par politesse. Sa Grâce nous prévint qu'il était d'usage en ce pays de Siam, que tout Chinois venant habiter l'île, devait payer trois piastres par an, pour acquérir domicile et avoir le droit de porter la queue, et que le lendemain le receveur des impôts se présenterait avec un reçu de 6 piastres (33 fr.) ; sur notre réponse que nous étions très satisfaits de payer cette somme, la séance fut levée, nous saluâmes et retournâmes à notre village, très contents de cette première visite.

A l'approche de Noël nous fîmes la mission et nous eûmes

la consolation de bénir plusieurs mariages, d'administrer le baptême à quelques enfants, de suppléer les cérémonies à d'autres, de faire gagner les pâques et de faire faire la première communion à tous ceux que nous jugeâmes dignes et capables. Le père Ducotey eut le travail et moi l'honneur.

Tout marchait bien, nous étions libres de recevoir, de visiter les chrétiens et les païens, nous étions unis et heureux, nous faisions nos premières armes. Un point noir restait à l'horizon. Le gouverneur de Mong-Maï, sur le territoire duquel nous étions, impatient, inquiet de ne pas recevoir la lettre attendue du Barcalou, craignant de se compromettre en nous laissant séjourner plus longtemps dans l'île nous intima l'ordre de retourner à Poulo-Pinang. Il négligea le seul parti sage et raisonnable qu'il y eût à prendre, celui de patienter, de ne rien brusquer sans avoir au préalable consulté le Barcalon sur la conduite à tenir avec nous. Cet homme, bon au fond, ne comprit pas alors, qu'en nous expulsant, il s'exposait à mal interpréter les intentions et le silence du Barcalon, son chef immédiat ; il ne comprit pas qu'il dépassait son droit. Il le dépassait pourtant, attendu que, ni nous, ni notre personnel, n'ayant transgressé en aucune façon les lois et les usages du pays et ayant payé les impôts demandés, nous avions, au même titre que les Malais et les Chinois, libres d'exercer leurs cultes, acquis droit de domicile. Le gouverneur de Mong-Maï dépassait son pouvoir, soit au point de vue du droit naturel, soit au point de vue divin. Un roi païen n'a pas le droit d'empêcher des missionnaires catholiques d'aborder dans ses États, de s'y fixer, d'y habiter et de prêcher le saint évangile, lorsque le missionnaire se résigne de bonne grâce à observer les lois du pays. La question considérée au point de vue du droit divin est indiscutable. Dieu n'est-il pas le maître absolu du monde entier ? Ne s'est-il pas réservé sur ce point son haut domaine, en disant par la bouche du grand prophète Isaïe : « J'enverrai mes hérauts dans l'Afrique, dans les îles les plus reculées, vers ceux qui n'ont jamais entendu parler de moi ; » en disant par celle de N.-S. J.-C. son Verbe, son envoyé : « Allez chez toutes les nations de la terre, prêcher la bonne nouvelle et baptisez tous ceux qui croiront en moi, au nom du Père et du Fils et du Saint-Esprit, *Amen*, c'est-à-dire je veux qu'il en soit ainsi. » L'ordre d'expulsion nous ayant été notifié, nous ne crûmes pas devoir et pouvoir y obtempérer, pour les raisons indiquées tout à l'heure.

Le gouverneur n'osant toucher, ni à nos serviteurs, ni à notre personne, voyant notre refus, fit appeler les chrétiens et leur ordonna de nous forcer à partir ; sur le refus de ceux-ci, il fit défendre à tous ses administrés, et cela sous peine de la bastonnade, de ne nous vendre quoi que ce fût. S'étant aperçu qu'avec nos deux Chinois, il nous serait toujours facile de nous procurer des vivres et que le gouverneur du Sud nous appellerait chez lui, il changea de tactique et fit appeler les chrétiens de nouveau. Son langage fut celui-ci : « Si les pères ne partent pas, je suis résolu à faire incarcérer tous ceux d'entre vous, qui êtes forts et vigoureux, vos champs seront incultes, vous périrez dans la misère et l'abandon. » Les chrétiens lui répondirent : « Si les pères veulent partir, nous les laisserons partir. mais nous ne leur dirons jamais de s'en retourner. »

Sur ces entrefaites, le gouverneur de Ponggah (1), supé-

<hr>

(9) *Ponggah*, *Pounggah* (débarquer, décharger un navire) est le nom du pays, de la rivière et de la bourgade principale du royaume de Siam, situé sur la côte ouest de la péninsule Malaise, en face de Jougselang. La résidence du gouverneur

rieur aux deux gouverneurs de Jongselang. nous fit inviter à venir chez lui attendre la réponse du Barcalon, ajoutant que, si d'ici à peu de temps, le ministre n'écrivait pas, il saurait bien le mettre en demeure de le faire. Le père Ducotey et moi après avoir mûrement réfléchi, nous fûmes d'avis qu'il était sage de ne pas provoquer une persécution et prudent de ne pas compromettre l'avenir de la mission. Une barque ayant été mise à notre disposition, nous nous éloignâmes de notre chère île, accompagnés jusqu'au bord du rivage par tous les chrétiens réunis ; au moment de nous embarquer, un Chinois païen vint nous demander le passage ; nous le lui accordâmes volontiers, ce dont Dieu nous récompensa largement dans la suite, ainsi que je le dirai plus loin. Pendant la traversée, contrarié par le vent et par le calme plat, nous fûmes plusieurs jours à traverser le détroit séparant Jongselang de Ponggàh, ce qui nous permit de toucher à plusieurs petites îles et d'admirer à loisir les beautés de la nature et les curiosités prodiguées par Dieu dans ces îlots émergeant de la mer, encadrés dans un splendide sable blanc. Les rochers de ces îlots offrent des cavernes vastes, des grottes nombreuses où se logent d'innombrables oiseaux, produisant le guano et des nids d'hirondelles d'une qualité inférieure. Après quelques jours de navigation, nous entrâmes dans la rivière de Ponggah, dont l'embouchure large et grande se termine par un Delta.

Les eaux de cette rivière sont profondes, les jonques et les bricks Européens peuvent, à la marée haute, remonter jusqu'en vue de la bourgade de Ponggah et du palais du

---

est sur la rive gauche à plusieurs milles en amont, elle contient de 190 à 200 maisons Siamoises ou Chinoises. Les mines d'étain de Ponggah sont riches ; les transports du minerai et de l'étain des montagnes à la bourgade, se font à dos d'éléphants.

gouverneur. Au Delta la rivière est très large, elle se rétrécit en amont, resserrée qu'elle est, sur les deux rives, par une chaîne de montagnes arides et presque nues. Arrivés en vue de Ponggah, nous amarrâmes notre barque sur la rive gauche, très escarpée en cet endroit ; dans la journée nous fîmes demander au gouverneur une audience qui nous fut accordée. Sa Grâce fut très aimable, s'informa de nos projets, questionna le père Ducotey sur Poulo-Pinang et la France, finit par promettre de nous fournir un logement, puis il nous fit servir du thé, des sucreries et des pipes. Au bout de deux jours, étant sans maison, nous nous présentâmes de nouveau au palais. Même cérémonial, même réception, même promesse non suivie de résultat ; quelques jours après, nous étant présentés, nous fûmes remis à une audience prochaine ; le jour arrivé, le père Ducotey pressa le gouverneur de s'expliquer ; n'y parvenant pas, Sa Grâce sortit de la salle d'audience, nous abandonnant à nos réflexions. Il était évident qu'il voulait gagner du temps, nous fatiguer, nous obliger à partir de notre plein gré pour Poulo-Pinang. Notre position devenait pénible et embarrassante, que faire ? que devenir ? notre barque ne pouvait rester indéfiniment à Ponggah et puis, sous cette chaleur tropicale, sous ce ciel de plomb, le poste n'était en vérité plus tenable ; nous étouffions dans cette petite barque, recouverte d'une tente en feuilles, où nous avions à peine l'espace pour nous mouvoir et nous allonger. Au bout de quinze longs jours, la Providence eut pitié de nous ; un matin, nous vîmes descendre de la berge, surplombant notre bateau, le Chinois auquel nous avions donné passage et que nous avions perdu de vue. Ce brave païen, mis au courant de notre position, nous dit : « Voyez au haut de la berge, il y a un jardin planté de bétel et au milieu une maison, le propriétaire est mon parent et ami, il vous logera chez lui moyennant une faible rétribution mensuelle. » Le soir même nous étions logés dans une maison assez grande ; le maître nous abandonna tout son grenier et nous permit de nous servir de sa cuisine ; la toiture en feuilles de sa maison ne garantissait ni de la pluie, ni du soleil, mais laissait apercevoir les étoiles du firmament ; nous la fîmes réparer à nos frais, ce qu'approuva chaudement notre hôte.

Des Chinois amis des nôtres et des Siamois amis de nos chrétiens nous avertirent en secret de nous défier des sucreries du gouverneur et nous conseillèrent fort de ne rien accepter en fait de gâteaux, de mets préparés et même de fruits ouverts. Nous trouvâmes l'avis bon et d'autant plus fondé, qu'il y avait des précédents, et que le père et moi ressentions des douleurs d'entrailles depuis plusieurs jours sans pouvoir nous les expliquer. Notre position était loin d'être brillante, néanmoins, nous étions bien décidés à attendre l'arrivée de la lettre du Barcalon ; nous étions du reste libres de circuler, de recevoir et visiter ceux que nous voulions. Pendant notre séjour à Ponggah, nous reçûmes la visite du gouverneur du sud de Jongselang, qui s'était toujours montré notre ami, mais, nouveau Nicodème, il ne nous visitait que la nuit avancée, et voulant nous témoigner tout l'intérêt qu'il nous portait, il nous offrit un petit cochon bien gras, dont nous tirâmes un très bon parti. Ce gouverneur nous apprit qu'il allait à Bangkok, ainsi que son confrère de Mong-Maï, pour vider le procès qui les divisait, et qu'arrivé à Bangkok, il irait voir l'évêque de Mallos et qu'il parlerait pour nous.

Le gouverneur de Mong-Maï nous fit dire qu'il regrettait d'avoir été réduit à nous expulser, mais qu'il parlerait au Barcalon en notre faveur.

Mgr d'Atalie, informé du véritable état des choses, nous fit donner, par le père Boël, son pro-vicaire, l'ordre formel de rentrer, disant qu'il avait besoin de nous, et qu'il ne fallait pas compromettre l'avenir par une plus longue résistance. Nous cherchâmes une barque; n'en trouvant pas, nous attendîmes trois semaines une jonque annoncée qui enfin entra en rivière. Ces trois semaines furent particulièrement pénibles, nos douleurs d'entrailles ne disparaissaient pas. Les hardes de nos hommes ayant été volées pendant la nuit et avertis qu'il pourrait nous arriver pire, le père Ducotey et moi, aidés d'un de nos catéchistes, dûmes nous résoudre à monter la garde toutes les nuits autour de notre demeure.

Les trois semaines écoulées, la jonque fit voile pour Poulo-Pinang, où nous arrivâmes à la fin de mars 1847 ; nous nous rendîmes auprès de notre évêque pour lui rendre compte de notre mission et nous mettre à sa disposition pour les postes qu'il voudrait bien nous confier : de chez Mgr d'Atalie, nous nous rendîmes chez le bon père Boël, pro-vicaire de la mission, qui nous reçut à bras ouverts, nous consola de notre insuccès et nous traita toujours en fils bien-aimés.

A leur arrivée à Bangkok, les deux gouverneurs eurent à s'expliquer sur les graves questions qui les divisaient. Le Barcalon dit au gouverneur de Mong-Maï : « Pourquoi as-tu expulsé de ta province les deux pères Français qui y sont venus ? » et sur la réponse de ce dernier, que nous étions venus dépourvus d'une permission de Son Excellence, le ministre lui répliqua avec emportement : « Tu

« devais me consulter avant d'agir, ne le faisant pas, tu
« as mal interprété mes intentions et mon silence. Jong-
« selang est une province de Siam, tu ne l'ignorais pas par
« la lettre de mon ami de Mallos, disant en outre que je te
« transmettrais mes ordres, de quel droit t'es-tu permis
« d'agir ainsi que tu l'as fait ? Le bon sens eût dû te dire,
« que les chrétiens étant sujets de Sa Majesté, aussi bien que
« les autres Siamois, devaient être protégés et traités sur le
« même pied d'égalité ; sache-donc, que ce qui est permis et
« toléré dans Bangkok, doit être permis et toléré à Jong-
« selang. »

Le gouverneur de Mong-Maï ayant perdu son procès, se
voyant révoqué de sa dignité, fut atterré par les paroles
du Barcalon et ne tarda pas à mourir de chagrin à Bangkok, loin de sa famille et de son île.

NOTE

Le schisme Portugais, dit de Goa, avait été occasionné par le fait suivant. A l'époque où Vasco de Gama doubla le cap de Bonne-Espérance (1497) et retrouva un monde perdu, le roi de Portugal, zélé pour la propagation de la foi, sollicita et obtint du Saint-Siège le privilège du patronat spirituel dans toutes les colonies à fonder en Asie par cette nation, à la charge par le roi d'y établir la hiérarchie ecclésiastique, de pourvoir à toutes les nécessités occasionnées par l'établissement et l'entretien de notre sainte religion dans les nouveaux pays de l'Orient. Le pape, de son côté, s'engageait à ne nommer dans ces nouvelles églises à établir que des évêques et des prêtres agréés par la couronne du Portugal. Tel fut le concordat, connu sous le nom de Patroado ou Patronat Portugais.

Le Portugal riche et prospère exécuta au début les engagements contractés à l'égard du Saint-Siège et contribua largement à la diffusion du saint Evangile, mais cet état heureux ne dura pas longtemps, et souvent les Portugais se rendirent par leur avarice et leur sensualité le scandale des païens ; saint François Xavier lui-même eut besoin de toute son autorité pour réduire au silence les contradicteurs de la morale évangélique, qu'il rencontra dans les Indes.

Le Portugal étant devenu une province Espagnole sous les Philippe (1580), et peu d'années après dépouillé par les Hollandais de ses colonies, était devenu complètement impuissant à remplir à l'avenir les clauses du Patroado, d'autant plus, que les Hollandais ne voulaient pas tolérer de prêtres et d'évêques Portugais dans leurs nouvelles possessions. Dans cet état de choses, la Cour de Rome dut pourvoir au soin spirituel des chrétiens de l'Orient et nommer des Carmes déchaussés italiens et des prêtres d'autres nations. En 1658, nos premiers vicaires apostoliques furent envoyés, nonobstant l'opposition du Portugal, à Siam, en Cochinchine, au Tonkin et en Chine. Les Anglais ayant à la suite des Hollandais achevé de s'emparer de tout le commerce des Portugais, et les ayant réduits à n'être plus que leurs commis et leurs facteurs, le Saint-Siège dut de nouveau s'occuper de nommer des Vicaires-Apostoliques. Sous le pontificat de Grégoire XVI, l'archevêque de Goa étant mort, Sa Sainteté avant de donner la bulle canonique pour la consécration et l'installation de son successeur, voulut sonder les dispositions du gouvernement de Lisbonne et celles de l'évêque présenté ; informations prises, le Pape persuadé qu'il pouvait ajouter foi aux promesses faites, tant par la Cour que par l'élu Joseph de Sylva y Torres, le préconisa dans le consistoire du 16 juin 1843. Arrivé dans sa métropole à Goa en 1844, le nouvel Archevêque oublia ses serments et ratifia tout ce que son clergé schismatique avait fait dans les Indes Anglaises et fit une Ordination anti-canonique de 800 prêtres. Il consomma par ce fait regrettable sa rupture avec Rome.

Le Pape Pie IX, plein de ménagements pour la susceptibilité du gouvernement Portugais et voulant en finir avec ce néfaste schisme de Goa, proposa en 1857 un nouveau concordat, qui fut accepté par Don Pedro V. Les principales clauses furent celles-ci : 1° Le Portugal renonçait à toute prétention de patronage sur Siam, l'Annam, la Chine, le Japon et tous les territoires où flottent les drapeaux Hollandais et Français ; 2° Le Pape de son côté donnait temporairement double juridiction, partout où, sous le pavillon Anglais, se trouvaient en présence les Vicaires-Apostoliques avec les prêtres de Goa ; 3° Si, dans un nombre d'années déterminées, le Portugal prouvait par les faits au Saint-Siège, qu'il était en état de nous remplacer convenablement dans les dites missions, le Pape promettait de retirer tous ses Vicaires-Apostoliques : dans le cas contraire, le délai fixé expiré, l'Archevêque de Goa devrait rappeler tous ses prêtres de l'Inde et l'Indo-Chine. Le délai fixé étant arrivé, espérons que le Portugal et l'Archevêque de Goa retireront de la Malaisie et de l'Inde tous leurs prêtres et termineront loyalement ce schisme qui afflige l'Eglise et paralyse son action en Orient.

J'apprends à la dernière heure, que les anciens schismatiques de Goa, patronnés et poussés par des influences occultes, remuent ciel et terre pour éluder le concordat conclu avec Pie IX et qu'ils insistent pour que Malacca soit pourvu d'un évêque résidentiel.

En face de ces nouvelles difficultés, que fera dans sa haute sagesse Sa Sainteté Léon XIII ? C'est ce que nous apprendra un avenir prochain. Dès maintenant une seule chose est sûre et indubitable, la soumission de la Société des Missions Etrangères aux décisions du Saint-Siège

CHAPITRE VII.

Après avoir passé quelques semaines à Poulo-Pinang, pour me reposer et refaire ma santé, quelque peu ébranlée par les privations éprouvées à Ponggah, je pris congé de Mgr Boucho, je fis mes adieux à notre excellent provicaire le père Boët et me séparai, non sans regrets, de mon ami et compagnon d'infortune, le cher père Ducotey, pour me rendre à mon poste chez les Sauvages de la presqu'île de Malacca. J'arrivai en cette ville à la fin de mai 1847 et revis avec bonheur les chers pères Favre et Dastugue. Le père Favre, toujours courageux et entreprenant, me proposa de m'accompagner dans mes premières courses. j'acceptai avec d'autant plus de plaisir et de reconnaissance, qu'il avait déjà une idée du pays, de la manière de voyager dans l'intérieur et qu'il avait rencontré un bon nombre de Sauvages, tandis que moi, je n'avais à mon actif que mon insuccès de Jongselang. Jeune, ardent, plein de santé, je brûlais du désir de commencer ma mission et je ne pouvais la commencer, qu'en faisant des excursions dans l'intérieur du pays. J'étais pasteur et n'avais point de brebis. D'après ce que j'ai dit dans le chapitre III, il est facile de comprendre comment il se fait que si peu d'explorateurs, avant nous, se soient aventurés dans la péninsule. En 1644, le gouverneur Vansliet

essaya d'y faire pénétrer un détachement sans aucun résultat. En 1747, M. Vander-Putten voulut aller jusqu'au Mont-
Ophir, appelé en Malais Gounong-Ledang (1), situé vers
la source de Mouar, au sud-est de Malacca, mais dès qu'il
fut débarqué, l'intrépide explorateur se vit abandonné
peu à peu par son escorte, en sorte qu'il ne put achever
son excursion. Les plus longs voyages entrepris jusqu'à ces
derniers temps dans l'intérieur de la péninsule, l'ont été
par les missionnaires Français ; étant parmi ces missionnaires celui qui ait pénétré le plus loin dans l'intérieur du
pays, je ne résiste pas au plaisir de dire mes impres-
sions avec un certain détail, persuadé que je serai assez
heureux pour les faire partager.

Ce fut dans les premiers jours de juin 1847, que le père
Favre et moi, suivis de nos deux Chinois portant nos effets
et les provisions de voyage indispensables, prîmes la route
du Mont-Ophir. Le temps était beau, l'air pur et frais, l'at-
mosphère parfumée, la nuit profonde et la ville silencieuse ;
au lever du soleil, nous étions à l'entrée de la forêt et vers
midi à Aier-Panas-Rim (2), où la Compagnie a une maison
de plaisance appelée Bengalo, pour l'agrément et l'utilité
des résidents Anglais. Nous passâmes notre soirée à visiter
les puits d'eau chaude situés tout près du Bengalo et à nous
procurer deux guides Malais. Le lendemain matin poursui-
vant notre route vers le Mont-Ophir, nous traversâmes plusieurs villages malais situés sur les bords des rizières et

____

(1) Ledang est le nom d'un oiseau roussâtre plus gros qu'un merle, il se tient de
préférence au Mont-Ophir.

(2) Aier-Panas, eaux chaudes, eaux thermales, sortant dans des marais au milieu
d'eaux froides, la chaleur de ces eaux est suffisante pour y faire cuire des œufs à la
coque. Leur propriété thermale n'a pas été constatée par la science jusqu'à ce jour.
Il y a deux localités d'eaux thermales sur le territoire Anglais de Malacca : Aier-
Panas-Alogadja sur la route de Nanin, et Aier-Panas-Rim sur la route de Mont-Ophir.
Chaque station possède des puits et un bengalo.

entourés de clôtures pour préserver les habitants et leurs buffles de la visite importune du tigre. Le soir, parvenus au pied du Mont célèbre, dans un endroit désert, couvert de hautes herbes, nous cachant son sol fortement bouleversé par les chercheurs d'or, nous découvrîmes deux maisons, vides et délabrées, près d'une mine abandonnée; nous nous y installâmes pour y passer la nuit. Un petit ruisseau limpide coulait sur un lit de petits cailloux jaunes dans lesquels se trouve parfois de l'or. L'aspect du Mont-Ophir (1) est très imposant, la montagne se compose de trois pics superposés ; vus de loin. ils semblent n'en faire qu'un. Le sommet du pic le plus élevé et couvert de petits cyprès, permet au voyageur de jouir du magnifique et splendide panorama qui se déroule à ses pieds, panorama d'autant plus beau, qu'il est plus rare dans ce pays où les montagnes les plus élevées sont toujours recouvertes jusqu'à la cime d'arbres au feuillage vert se renouvelant sans cesse. Là, croissent les tulipes, les violettes, les cyprès et d'autres arbres indiquant une température plus élevée ; les éléphants, les tigres, les sangliers ne montent jamais, disent les naturels, jusqu'au sommet. Nous séjournâmes deux jours auprès du

---

(1) Ophir (*heb*), nommé pays de l'or par l'historien Josèphe, pays célèbre dans l'Ecriture-Sainte, où les flottes de Salomon, dirigées par d'habiles marins Tyriens, partant du port d'Asiongaber (golfe Elamitique, un des bras de la mer Rouge), allaient chercher de l'or, de l'ivoire, de l'ébène, et des aromates. Elles mettaient trois ans pour faire ce voyage. On a soutenu diverses opinions au sujet de la situation du pays d'Ophir, et on l'a cherché dans des régions très diverses. D'Anville le place en Arabie, Dom Calmet en Arménie, d'autres auteurs à Sofola, sur la côte Orientale de l'Afrique, à Ceylan, à Sumatra, à Java, et dans la presqu'île de Malacca ou la Chersonèse d'Or de Strabon. L'opinion la plus probable, en s'en tenant à la Bible, est qu'il faut chercher Ophir dans le voisinage de Saba, et par conséquent dans l'Arabie Heureuse. Le Mont-Ophir de Sumatra et surtout celui de Malacca, produisent encore aujourd'hui de l'or, de l'ivoire, de l'ébène et des aromates, tandis que l'Ophir de l'Arabie est dépourvu d'or, d'ivoire et d'ébène. La Chersonèse d'Or est à la distance voulue pour que les flottes de Salomon fissent l'aller et le retour dans trois ans, tandis que l'Ophir de l'Arabie semble être trop rapproché d'Asiongaber pour demander trois ans pour faire ce court voyage.

Mont-Ophir. puis nous poussâmes notre course jusqu'à Segamat ; nous ne trouvâmes pas de Sauvages, trompés que nous avions été par des renseignements inexacts ou tout au moins insuffisants. Sept jours après nous étions de retour à Malacca. J'avais vu la grande forêt, souffert de la marche et rougi le sol de mon sang ; j'étais satisfait, il m'était démontré que je possédais assez le Malais pour me faire facilement comprendre.

Le 7 juillet je partis de nouveau avec M. Favre pour une excursion plus longue et plus pénible. Notre première journée se termina au village Malais d'Alo-Gadja (passage du marais de l'éléphant), où la Compagnie a un Bengalo. Avant la nuit nous eûmes le loisir de nous procurer deux guides Malais et de visiter le fort en terre de Lismore, gardé par un détachement de Sipahi fourni par la garnison de Malacca. Après avoir visité le fort, nous examinâmes les trois tombes renfermant les restes d'un officier Anglais et de deux Sipahi tués pendant la guerre de Nanin, à la suite de laquelle le Datok perdit son territoire et reçut une pension de la Compagnie des Indes.

Le lendemain matin nous partîmes d'Alo-Gadja, prenant la route de la Compagnie aboutissant à la frontière de Nanin et des pays Malais : sur la route nous visitâmes les eaux thermales d'Aïer-Panas-Alo-Gadja et arrivés au village de Nanin. nous saluâmes le tombeau de son dernier Datok ou chef. Vers deux heures nous quittions le territoire Anglais. Après avoir gravi les monts Tamping, d'un aspect si beau vus du fort de Malacca. nous arrivions le soir dans une plaine cultivée. bordée de cocotiers. de dourian. de palmiers et de bananiers. nous étions à la bourgade de Djohol. Un riche Malais nous offrit de loger nous et nos hommes et. sur notre demande. de vouloir bien nous servir d'introducteur chez le Pangoulou. Il nous apprit que le chef du district était à la noce d'un prince du sang et qu'il ne serait de retour que le lendemain. A la tombée de la nuit, de la varanda (*balcon*) de notre hôte, nous eûmes le plaisir de voir défiler les nombreux invités, groupés par familles et revêtus des habits les plus divers. Le lendemain, dès que le soleil apparut sur les montagnes et eut fait évaporer la rosée de la nuit, nous fûmes au devant du Datok : il était en route pour se rendre à son palais. Le Pangoulou, dans tout l'éclat de sa pompe et de sa puissance, revêtu de ses habits de fête, venait le dernier, précédé de son ministre, que devançaient vingt-cinq ou trente Malais armés de fusils, de lances et de kris. Le costume du Pangoulou consistait en une culote courte et un gilet à longues manches, le tout brodé d'or avec un certain luxe. Un bonnet rouge cramoisi et galonné couvrait son chef. Sa Grâce était sans bas, sans souliers ou sandales. A la vue de l'escorte, nous nous rangeâmes ; l'enseigne rouge ouvrait la marche, et lorsque le Pangoulou fut près de nous, nous nous découvrîmes et le saluâmes en acceptant une poignée de main.

Les saluts et compliments d'usage échangés, l'escorte se remit en marche, le père Favre était à droite et moi à gauche ; arrivés près de la maison où nous avions passé la nuit, le Pangoulou ordonna gracieusement de transporter nos effets dans son palais, nous nous rendîmes avec plaisir à cette marque de faveur. Le palais du Datok n'offre rien de magnifique à l'extérieur, c'était tout simplement une maison grande, recouverte en feuilles, comme celles de ses sujets aisés. Quelques petites pièces de canon placées sur le balcon au moyen de pivots, avertissaient que nous étions chez un haut et puissant seigneur.

Le soir venu, la cour fut plus nombreuse que d'ordi-

naire : le pays était en émoi, la renommée grossissant notre
nombre, l'avait portée de deux Européens jusqu'à trente.
Tout avait été doublé, triplé, nos fusils, nos chapeaux, nos
bagages et nos hommes. Nous fûmes, comme on le pense
bien, l'objet de tous les regards, de toutes les conversations.
Le plus grand nombre de nos admirateurs n'avait jamais
vu de blancs ; chacun cherchait à nous questionner ; tout
le monde voulait sa réponse à la fois ; nous répondions
aux questions les plus faciles, faisant semblant de
n'avoir pas entendu ou compris celles qui auraient pu
nous embarrasser. Un quidam ayant demandé comment se
portait Touan Kompani (Monsieur Compagnie) nous lui répon-
dîmes : Que compagnie était le nom d'une société, la Compagnie des Indes, et non celui d'un homme, et que du reste
madame la Compagnie des Indes faisait toujours de bonnes
affaires. Cette question et cette réponse déridèrent tous les
fronts et le questionneur fut traité de *bodok* (simple, stupide). Lorsque la cour se fut retirée, nous pensions qu'il
nous serait enfin permis de dormir, point du tout ; le Pangoulou, qui jusque-là n'avait pas pu nous entretenir seul,
désirant causer plus intimement, fit étendre son lit tout
près du nôtre. A son exemple et sur son invitation, nous
nous étendîmes sur nos nattes le plus convenablement possible, afin de délasser nos membres fatigués. Le Datok
après nous avoir entretenus plus longtemps que nos pau-
pières fatiguées l'eussent désiré, dit à son ministre de lui
apporter sa pipe. Il nous parut tout naturel qu'il terminât
par là sa journée. La grosseur et la forme de sa pipe nous
avertirent que Sa Grâce n'était pas un fumeur ordinaire.
Pendant qu'il préparait avec un soin particulier sa pipe,
un coq, perché sur un barreau à l'autre extrémité du balcon, nous avertit, par son chant, que la nuit était avancée.

Le Pangoulou, distrait de son occupation, alluma sa pipe à une veilleuse posée à côté de lui, se fit apporter son coq blanc, qu'il nous fit admirer, il le souleva, le caressa et le parfuma avec des bouffées d'opium ; il eut soin de lui parfumer tout le corps et cela, disait-il, pour le rendre victorieux au jour du combat. Les Malais, ainsi que les Javanais et les Siamois, portent jusqu'à la passion le goût pour la joute des coqs et ne craignent pas de risquer de fortes sommes dans des paris engagés à cette occasion. Après avoir visité quelques Sauvages, la plupart devenus mahométans, et avoir été témoins du respect extérieur dont le Pangoulou était l'objet, nous prîmes congé de lui pour continuer notre route vers les montagnes de Roumbau, se dressant si belles et si majestueuses vues de la rade de Malacca.

De Djohol à Roumbau, la route à travers les montagnes séparant les deux Etats est très abrupte, le sentier peu praticable ; en certains endroits, il faut, comme au Mont-Ophir, s'accrocher aux arbustes ; il avait plu, le sentier était glissant et les sangsues des bois ne manquèrent pas l'occasion de s'abreuver de notre sang ; vaincu par leur nombre toujours grossissant, nous fûmes réduits à relever nos pantalons au-dessus du genou et armés d'un couteau en bois, à râcler les imprudentes qui osaient s'attacher à nos jambes. Arrivés sur le versant opposé, nous aperçûmes la plaine de Roumbau couverte de rizières, bordée d'arbres à fruits, de palmiers donnant le sucre malais et le sagou ; divers groupes de maisons nous apparurent comme de riantes oasis, offrant un superbe bouquet de végétation ; l'on distinguait un ruisseau serpentant dans la plaine, et sur ses bords, une bourgade, celle de Bandar, où réside le Pangoulou de Roumbau. Parvenus près de ce ruisseau, notre premier soin fut de nous laver, de nous désaltérer et d'étancher le sang dont nos souliers étaient remplis. Le désordre de notre toilette réparé, nous abordâmes la résidence du chef ; il fut assez aimable pour nous offrir une hospitalité que nous n'eûmes garde de refuser ; les ombres de la nuit commençaient à couvrir la contrée. Le soir, la cour fut très nombreuse, là comme à Djohol, nous attirions tous les regards, chacun voulait savoir ce que nous étions, ce que nous voulions et où nous allions. Le Pangoulou nous demanda certains renseignements que nous fûmes heureux de lui donner. Avant de rentrer dans les appartements de l'intérieur, il nous dit : « Demain, en vous rendant à Songei-Houdjong, vous rencontrerez des Malais qui rançonnent les passants, sous prétexte d'être autorisés par nous à prélever des droits de douane, je vous préviens qu'il n'en est rien, tenez-vous sur vos gardes. » En effet, le lendemain, nous rencontrâmes dans une vallée étroite et profonde une palissade allant d'une montagne à l'autre et renfermant une maison et en face un hangar, nous passâmes vite entre les deux constructions sans rien dire, pensant en être quittes ainsi. A peine avions-nous franchi la palissade opposée, que plusieurs individus armés, suivis d'un Chinois, nous crièrent de faire halte, ce que firent immédiatement nos porteurs déjà pris de peur. Les prétendus commis de la douane s'étant approchés, voulurent fouiller et nos paquets et nos paniers ; nous les arrêtâmes en prononçant énergiquement : *Djangan sakali,* n'y touchez pas. Les douaniers n'insistèrent pas et demandèrent un péage relativement élevé ; nous refusâmes en disant : « Nous avons couché chez le Pangoulou de Roumbau, et il nous a affirmé que vous n'êtes pas autorisés à percevoir des impôts ; si vous aviez demandé du tabac, poliment, comme il convient de le faire à des blancs, volontiers nous vous en aurions donné, mais devant votre manière de faire, nous nous y refusons absolument; » puis me tournant vers les porteurs je dis impérieusement : *Djalan*, en route, en avant. Nos hommes se remirent en marche, le père Favre prit le devant de l'escorte et je restai tout à fait le dernier.

Vers le milieu du jour, nous fîmes la rencontre dans la forêt d'un certain nombre de Sauvages avec lesquels nous pûmes causer et nous renseigner sur leurs congénères habitant le district. Plusieurs de ces Sauvages s'étant convertis ensuite, m'avouèrent que les Malais leur avaient dit : Que si nous repassions ils nous tueraient, mais au retour, ils nous laissèrent passer sans rien dire, sans rien réclamer. Vers les quatre heures du soir nous arrivions à Songei-Houdjong, il y avait grande réjouissance, grande agglomération de Malais, de Chinois et de Sauvages ; les bombes, les gong, les tam-tams et les pétards Chinois, ne cessaient de retentir. Une fois installés chez des Chinois, reposés et costumés, nous fûmes présenter nos hommages au Pangoulou, il nous reçut avec pompe et cérémonie dans un pavillon improvisé : nous lui dîmes qui nous étions, quel était le but de notre voyage. Le Pangoulou après nous avoir écouté, se leva, me prit, selon la coutume Malaise, par le petit doigt et me dit : Vous voulez, père, voir des Sauvages ? Vous êtes bien tombé, venez avec moi, j'en ai réuni un bon nombre à l'occasion du mariage de mon fils. A notre approche les Sauvages, hommes, femmes et enfants, se levèrent, s'inclinèrent, portèrent la main droite au front, et dirent : *Tabeh touan, tabeh touan*, bonjour, Messieurs. Le Pangoulou me présenta aux chefs, puis il me dit : Je vais à mes affaires et vous laisse avec vos bons amis. Nous reconduisîmes Sa Grâce jusque près du palais. Je voulais voir des Sauvages, me faire connaître d'eux, les inviter à venir habiter sur les terres de la Compagnie anglaise; j'avais atteint mon but, simplement et sans l'avoir cherché.

Vers cinq heures du soir, grande cérémonie, marche triomphale et bain public des époux. Dans ce double but, l'on avait construit avec des bambous une longue et large voiture à plusieurs compartiments, se terminant par un balcon ouvert, où les jeunes mariés devaient être baignés, largement aspergés, inondés d'eau lustrale à la vue du public. La voiture était montée sur six roues massives, que traînaient en criant, en hurlant cette foule de Malais, de Chinois et de Sauvages, au son des instruments les plus sonores et les plus discordants, et la décharge de l'artillerie, et le vacarme des pétards chinois. Si le dit-on : Plus l'on crie, plus l'on fait de bruit, était un axiome, je dirais : Que jamais je n'ai rien vu, rien entendu de plus beau, de plus ravissant. La marche triomphale terminée, nous crûmes devoir nous retirer, et le lendemain après avoir pris congé du Pangoulou, nous reprîmes notre route, nous franchîmes la chaîne de montagnes qui partage la presqu'île en deux versants et aboutissions dans la superbe plaine de Djelebou, parsemée de rizières nombreuses, arrosées au moyen d'une roue élevant l'eau au niveau voulu, pour féconder les terres élevées. Ce système d'irrigation me parut bien compris. A Djelebou, nous logeâmes chez le Iam-Touan de Seremenanti, ayant titre de Radja-Gading (le roi de l'ivoire), se trouvant accidentellement en cette résidence. Ce prince du sang, qui portait sur ses traits la marque d'une naissance distinguée, fut très aimable et très digne. En face de son palais, il y avait un kiosque à l'usage des passants; nous y prîmes notre repas et ne fûmes introduits dans la varanda du palais que vers le soir. Il y avait dans la demeure de Radja-Gading une personne très malade, il importait donc que l'imam (prêtre) eût terminé ses exorcismes pour tenir à distance et paralyser au besoin l'esprit mauvais qui nous accompagnait; sans cette précaution il aurait pu nuire au malade.

Les Malais, croyant que toute personne est accompagnée d'un bon et d'un mauvais esprit, ne s'inquiètent que du mauvais. Dans ce but ils font des exorcismes et croient lui interdire l'approche du malade auquel il pourrait nuire, en suspendant de jeunes feuilles de palmier sur une corde tendue, posée en travers du sentier, de l'enclos, de la porte qui conduit au lieu où repose le malade. Cet usage est universellement pratiqué chez les Siamois, chez les Malais et chez les Sauvages.

Notre voyage à Djelebou fut sans grand résultat, car nous ne rencontrâmes que quatre ou cinq Sauvages. De Djelebou nous effectuâmes notre retour à Malacca par Roumbau et Alo-Gadja sans incidents remarquables. Notre excursion avait duré plus de dix-neuf jours. Je fus plusieurs semaines à me guérir de la morsure des sangsues des bois et des premières atteintes de la terrible fièvre chaude des bois, dont j'eus à souffrir pendant nombre d'années.

Je suis heureux d'avoir à transcrire ici le nom d'un homme de bien, fervent catholique Anglais, le docteur Ratton, médecin de la Compagnie des Indes à Malacca. M. le docteur Ratton, très habile dans l'art de guérir, était dessinateur distingué et un parfait gentilhomme. Il était marié à une dame Irlandaise unissant la bonté, la distinction à une très grande charité, mère de deux enfants charmants; Monsieur indiquait le remède, prescrivait un régime à suivre, et Madame me donnait généreusement les moyens de me conformer aux prescriptions de son époux.

Que Dieu rende au centuple à eux et à leur famille, tout le bien qu'ils m'ont fait !

Au nom du docteur Ratton, je dois joindre celui de son pharmacien. M. Jean de Souza, qui fut le premier à reconnaître la légitimité de notre autorité spirituelle à Malacca. M. Jean de Souza se montra toujours l'ami dévoué des missionnaires Français et toutes les fois que j'ai eu besoin de son art, pour moi et pour mes Sauvages, je l'ai trouvé heureux de nous servir. Qu'il reçoive ici, pour lui et tous les siens, le témoignage de ma gratitude et de mon attachement.

DOUSSOUN-MARIA

Premier poste du P. Borie chez les Sauvages.

CHAPITRE VIII.

Le but de mes voyages dans la péninsule était de voir les Sauvages et de chercher à les attirer sur le terrain de la Compagnie et de les fixer au sol en les poussant à l'agriculture régulière et stable. Une fois rétabli de la piqûre des sangsues et délivré des premières atteintes de la fièvre des bois, je repris seul mes courses sans franchir les limites du territoire Anglais, je visitai les principales localités où se trouvaient établies quelques familles sauvages, cherchant un poste qui ne fût pas trop éloigné de Malacca.

A cette époque vivait dans cette ville un métis Hollandais ; riche propriétaire et très influent dans le pays, il avait su, dans la guerre de Nanin. s'imposer aux Anglais et se faire accepter des chefs Malais de l'intérieur ; après avoir suscité la guerre, il sut dicter la paix. il en fut récompensé en devenant sous-résident de Malacca. Cet homme peu lettré, se nommait J. Bartholomy Westerhout, il était connu à Malacca et dans les districts Malais. sous le nom de Touan-Bartchi. Touan-Bartchi s'était montré en maintes circonstances ennemi déclaré de la mission catholique. Dans une visite intéressée que je lui fis. en compagnie de M. Favre. il me dit : « Père Borie. vous voulez établir une mission chez les Sauvages, je vous approuve et je veux même la favoriser de tout mon pouvoir, mais à une condition et cette condition est absolue de ma part : c'est que vous vous établissiez à Roumbea, sur mes terres inféodées au gouvernement Anglais ; dans ce but et à votre insu, j'ai déjà groupé quatre ou cinq familles sauvages de la tribu des Mantra, de plus, j'ai envoyé des émissaires pour attirer d'autres Sauvages sur ce même district. » Je dus m'incliner devant ce verdict, accepter et remercier, remercier surtout la divine Providence d'avoir tout disposé, tout arrangé pour faire réussir mon œuvre, justifiant une fois de plus cette parole de la Sainte-Ecriture : Le salut nous vient souvent de nos ennemis. Je partais le lendemain pour visiter la forêt de Roumbea et quelques mois plus tard je m'y établissais ; je fondais mon premier poste, nommé Doussoun-Maria, la bourgade de Marie.

En 1849, j'entrepris un voyage nouveau, je m'avançai jusqu'au milieu de la péninsule, suivi de mes deux fidèles Chinois et de deux Mantra. J'allais visiter le Grand Batin, le grand chef hiérarchique des Sauvages, résidant dans la plaine de Gountol en la terre de Djoumpol. Mon but principal était de l'attirer sur le terrain de la Compagnie et de l'amener peu à peu à embrasser le christianisme, pensant que son exemple serait imité par un grand nombre de ses subordonnés. Ce Batin me vit avec plaisir. Il était logé convenablement, avait un parc de buffles et une vaste rizière ; sa résidence était entourée d'une dizaine de maisons mieux installées que toutes celles que j'avais vues jusqu'à ce jour. L'autorité de ce Batin, que j'avais cru grande, avait perdu tout son prestige du jour où il s'était fait Malais avec toute sa parenté. Je l'engageai fortement à se rapprocher du territoire Anglais et de venir me voir. Evidemment mon voyage n'avait pas répondu à mes espérances. En venant, j'avais franchi les montagnes de Tamping, Djohol, Houlou-Mouar et Djoumpol, sur ma route j'avais rencontré beaucoup de Sauvages. A mon retour je contournais ces mêmes montagnes et visitai Seremenanti, Tratchi, Roumbau, que je connaissais déjà.

Sur les frontières de Tratchi et de Roumbau, j'atteignis à la tombée de la nuit un petit ruisseau coulant avec rapidité entre deux collines ombragées par de grands arbres ; nous nous arrêtâmes décidés à dormir en ce lieu sombre et solitaire. Où aller ? nulle trace d'habitation, nulle éclaircie dans la forêt, et un de mes Mantra était gêné dans sa marche. Au moment où nous commencions de nous préoccuper comment nous abriter, un aboiement de chien se fit entendre, vite mon guide ingambe se dirige vers l'endroit d'où venait le son. Quelques minutes à peine écoulées, il revint tout joyeux, me disant : « Père, il y a deux maisons cachées dans la forêt, venez, nous y serons mieux qu'ici à la belle étoile. Installés dans le balcon de l'une de ces cabanes, nous pensâmes à préparer le repas. Ici commença un grand embarras, nous avions épuisé notre provision de riz, et les personnes qui nous donnaient hospitalité n'en avaient pas pour elles-mêmes, que faire ? Heureusement nous étions en pleine saison de dourian (1). Mon vieux Chinois qui n'entendait pas se coucher sans manger, dit : « Il n'y a pas de riz, qu'importe, il y a des dourian, je les sens, je les entends tomber de l'arbre. » Nouvelle difficulté, je n'avais plus de monnaie, il me res-

---

(1) *Dourian* (douri-an, épineux), nom d'un fruit de l'Indo-Chine très goûté des indigènes et des Européens parvenus à surmonter son odeur forte et fétide. Le dourian, de la grosseur d'un beau melon, en a la forme ; à l'extérieur il est armé de longues et larges épines ; à l'intérieur, il contient des divisions remplies de noyaux entourés d'une crème délicieuse. L'arbre dourian, qui produit ce fruit, l'un des meilleurs, sinon le meilleur de l'Indo-Chine, atteint la hauteur de nos plus grands chênes. Le dourian à crème jaune est supérieur à celui à crème blanche. A la saison des fruits, nombre de familles indigènes des villes, vont passer plusieurs jours à la campagne pour manger ce fruit nouvellement tombé de l'arbre ; les premiers dourians se payent de 25 à 30 sous pièce.

tait bien à la vérité une piastre (5 fr. 50), mais il n'était pas prudent de la produire à un tel coupe-gorge, celle-là en aurait fait supposer d'autres, ce qu'il fallait éviter à tout prix. Mon Chinois comprit, réfléchit et dit tout satisfait : « Vous avez trois mouchoirs propres, donnez-me-les, je vais les échanger contre des dourian. » Quelques minutes après mon homme revenait chargé de fruits. La faim nous pressait, les dourian étaient gros, magnifiques et mûrs à point, nous en mangeâmes une quantité effrayante : ils coûtaient un sou pièce et mes trois mouchoirs valaient trente-cinq sous. Après avoir dit les grâces et avoir fait la prière, nous nous endormîmes étendus côte à côte, pressés les uns contre les autres, dans un coin de la varanda. Le Mantra malade ne put fermer l'œil, après Dieu, il fut notre salut. Pendant la nuit plusieurs hommes entrèrent et sortirent. Vers deux heures après minuit survinrent trois nouveaux Malais : nous voyant étendus, ils nous crurent tous endormis, l'un d'eux s'adressant à la maitresse de la maison, lui dit : « Ce blanc a-t-il des piastres ? — Non, répondit la femme, attendu que pour payer les dourian, n'ayant pas d'argent, il a dû céder trois mouchoirs que voici. » Le Mantra malade entendant ce propos, éveille avec précaution ses compagnons, introduit, à tout hasard, une flèche empoisonnée dans sa sarbacane et attend. Un moment après, le même Malais passe dans la varanda et vient se courber près de moi : sa figure sur ma figure, il tire sur sa cigarette en feuille de palmier : elle allume et éclaire tout mon visage, je m'éveille, je me redresse sur mon séant et dis au Malais : « Ami, pourquoi en agir ainsi avec moi ? » Il me répondit : « Excusez, Monsieur, n'ayant de ma vie vu de blanc, je n'ai su résister à la tentation de vous regarder, mais je n'ai pas voulu vous offenser. — J'accepte ton excuse, lui dis-je, et pour preuve d'amitié, je te prie de rallumer la torche de résine qui est à côté de toi. Le vieux Chinois profite de l'occasion pour me dire à haute et intelligible voix et fort à propos : Père, votre carabine vous gêne, passez-me-la. Le Malais ayant allumé la torche, vint se mettre à côté de moi, je lui offris du tabac, nous nous mîmes à fumer et à causer, nul n'ayant envie de se rendormir. Il restait un peu de thé, le jour venu je le pris, pendant que mes hommes achevaient d'engloutir les dourian restés de la veille. Le soleil levé nous partîmes : vers midi nous traversions la belle plaine de Roumbau ; en passant près de la dernière maison d'un petit village, un Malais nous ayant aperçus, vint me saluer et m'inviter à me reposer chez lui. J'acceptai avec plaisir et lorsqu'il sut l'histoire de la nuit, il me dit : *Allah et nabi Issa* (Dieu et le prophète Jésus) ont veillé sur vous : vous étiez chez des brigands redoutés dans la contrée. Ce bon Malais, n'ayant pas de riz à nous offrir, nous fit présenter cinq gros paquets de ramboutan (1), qui furent mangés avec délice, la température était brûlante et les fruits rafraîchissants. Je remerciai chaudement le maître du logis et pris congé de lui. Notre route se continua sans autre incident. Arrivés à cinq heures à Alo-Gadja, près le fort Lismore, nous pûmes nous procurer du riz, du porc frais et du poisson salé. Le lendemain dans la matinée nous rentrions en ma résidence de Doussoun-Maria. Notre voyage avait duré de dix à douze jours.

---

(2) *Ramboutan* (rambout-an, chevelu), petit fruit de la grosseur et de la forme d'une noix, à peau filamenteuse rouge, jaune, blanche, d'un goût suave et rafraîchissant, il y en a de plusieurs espèces ; le *poulassan* est le plus gros, sa pulpe est ferme et se détache facilement du noyau.

CHAPITRE IX.

En 1864, j'avais terminé mon établissement de Doussoun-Maria, bâti une église, un presbytère et mes deux écoles, réunissant de trente à trente-cinq élèves, que je nourrissais et entretenais à mes frais ; arrivé au milieu de l'année, j'étais sans le sou. Sa Grandeur d'Atalie informée, me répondit : « Allez à Joseph, faites une souscription, et la souscription faite, allez, de concert avec le père Paris, visiter le sud de la péninsule, vous les Sauvages et lui les Chinois. Je partis donc pour Singapour, j'arrivai chez le père Beurel, qui m'accueillit par les paroles suivantes : « Cher père Borie, j'ai infiniment plaisir de vous recevoir, mais comme je connais le but de votre voyage, votre présence me donne des frissons de fièvre. » Je lui répondis : « Cher Pro-vicaire, notre Evêque m'a dit : Allez à Joseph, je viens à Joseph, je suis sans ressource pour mes écoles, il me faut cinq cents piastres (2,500 fr.) pour aller au bout de l'an, nous ferons un appel à la générosité de vos catholiques, des protestants et des riches négociants Chinois, ils m'ont tous donné généreusement deux fois déjà, ils me donneront encore une troisième fois. » Trois jours après nous avions ramassé quatre cents piastres, je pouvais entreprendre mon excursion, le père Beurel se portant fort de me parfaire mes cinq cents piastres.

Ce fut, il m'en souvient encore, un lundi soir 11 juillet.

vers une heure de l'après-midi, que suivi du père Paris (1)
et d'un jeune Chinois à titre de cuisinier, nous nous embar-
quâmes à bord d'un étroit et long bateau de pêche, rempli
de filets, monté par sept grands et vigoureux Chinois.
Après avoir rapidement franchi la magnifique rade de
Singapour remplie de navires de toutes les nations et le
nouveau port de Telok-Blanga pour les vapeurs, nous
fîmes route au nord en côtoyant de loin le rivage. Nos
rameurs, fiers de posséder deux Pères à leur bord, (ils
étaient presque tous cathécumènes), maniaient avec vigueur
leurs avirons. Le ciel était couvert de nuages, tout
exprès, eût-on dit, pour nous protéger contre le soleil
tropical de ces climats ; une petite brise molle et cares-
sante venant du sud-ouest, inclinant légèrement notre
vacillant esquif, nous poussait rapidement. Vers sept heures nous passions entre la terre ferme et Poulo-Pissang (iles
aux bananiers) et à neuf heures nous entrions dans la
rivière de Pountian-Ketheil. Il en était temps, la pluie
menaçait, le vent gonflait les vagues et l'orage approchait
de plus en plus, et notre bateau était grandement agité.
Dans la rivière, bordée de palétuviers, tout était calme et
silencieux, une nuit profonde et obscure nous enveloppait
comme d'un épais linceul, le tonnerre grondait, les éclairs
sillonnant l'espace, permettaient de temps en temps à nos
rameurs de distinguer la route que nous avions à suivre.
La phosphorescence produite dans les palétuviers par la
marée montante, était d'un effet magique. Tout était beau,
grandiose, tout parlait au cœur et élevait l'âme vers Dieu ;
ces premières émotions passées, nous nous laissâmes aller

----

(1) Le père Paris, mort pro-vicaire de la mission, était un homme simple, bon et
excellent ouvrier évangélique, parlant plusieurs langues et dirigeant à Singapour les
missions Chinoise et Malabar. Le père Paris a bâti une église à Singapour, genre
gothique, sur un plan dressé par les pères Daguin et Patriat.

le père Paris et moi à une rêverie, à une mélancolie pleine de charmes, dont nous ne fûmes tirés l'un et l'autre, que par l'apparition d'une lumière située sur la rive droite. Il était dix heures. Cette lumière nous indiquait que là était la demeure du missionnaire, ayant titre de Kantchon ou chef de rivière. Quelle ne fut pas notre agréable surprise, à peine débarqués, de nous entendre saluer chacun par notre nom, nous étions chez notre confrère et ami, l'excellent père Périé, que nous n'avions espéré rencontrer que plus haut dans la rivière de Pountian-Ketchil. Après avoir pris quelque nourriture et avoir causé, comme peuvent le faire des amis, deux compatriotes, déposés par la Providence sur une terre étrangère, à cinq mille lieues de la mère-patrie, après avoir, dis-je, causé, nous fûmes nous reposer ; le lendemain, après avoir dit nos messes et visité ce premier poste avancé en formation, nous partîmes, partagés sur deux bateaux, pour la station de la montagne, et à six heures du soir, nous arrivions à Bouket-Tonggal (la montagne du drapeau), au deuxième poste du père Périé. Sa maison en planches peu élevée de terre, située sur un petit monticule, et assez grande pour lui fournir une chapelle, une chambre à coucher et un troisième appartement, servant de salon et de nef à son oratoire les jours de prière et de catéchuménat, trois ou quatre maisons de chrétiens entouraient le presbytère et quelques autres étaient en construction. Ce village naissant était entouré d'un splendide rideau de forêt. Ce nouveau poste n'ayant pas encore de nom, nous le baptisâmes du nom de San-Pontiani, de saint Pontien, pape et martyr, à cause de la ressemblance du nom du saint Pape avec celui de la rivière Songei-Pountian.

Le lendemain, les Sauvages occupés par les Chinois à

abattre la forêt, furent mandés par le père Périé. Ils arri-
vèrent en trois bandes, chaque bande était composée de
dix ou douze individus, ils étaient de Djohor, de Pountian-Bessar, de Benot et de Ndau, appartenant tous à la
tribu des Orang-Houlou (hommes de l'intérieur). Leur
arrivée me remplit de joie, j'avais retrouvé avec la grande
forêt, ses habitants, j'étais dans mon élément, ainsi que
le disaient le père Paris et le père Périé (1). Lorsque
les Orang-Houlou eurent mangé, je leur distribuai du
tabac, puis m'asseyant au milieu d'eux, les jambes croisées, je leur exposai en peu de mots : que le but du père
Paris était de visiter les Chinois dans leurs plantations
respectives, et que le mien était de faire connaissance
avec les Sauvages du sud de la péninsule et que je leur
demandais des porteurs et des guides. Ma proposition
étant acceptée, le père Périé désigna de suite les quatre
hommes qu'il nous fallait et fixa le prix que nous devions
donner à chaque porteur ; les choses étant arrangées
ainsi, les Orang-Houlou partirent tous, à l'exception de
quatre qui voulurent coucher avec nos compagnons de
voyage. Le lendemain, 14 juillet, nous dîmes nos messes avec d'autant plus de dévotion, que nous savions
devoir en être privés jusqu'à notre retour chez le père
Paris à Sarangon. Le père Périé ayant à faire à Pountian-
Bessar vint avec nous. Pendant plusieurs heures nous traversâmes une vaste forêt, le terrain me parut supérieur
à celui de Malacca. J'éprouvais pour ma part un vrai
plaisir à contempler ces beaux arbres, ce terrain gras
et vierge, à respirer l'odeur embaumée des bois. A midi

---

(1) Auteur d'un petit volume in-12 de 295 pages, intitulé : Souvenirs de Malaisie.
Je suis heureux d'annoncer qu'une deuxième édition est en préparation. Souilhac
(Lot), chez J.-B. Valat, imprimeur-éditeur.

nous traversions un superbe petit ruisseau coulant paisi-
blement sur le sable dans une plaine de peu d'étendue ;
quelques arbres fruitiers indiquaient que ce charmant
endroit avait été habité par les Sauvages, ainsi que nous
l'affirmèrent les guides ; à trois heures, nous étions à
Houlou-Pountian-Ketehit chez un de nos porteurs ; fatigués
par la course, nous fîmes halte pour y passer la nuit.
Ce petit village se composait de sept à huit familles. Là,
nous sûmes que nous avions été annoncés et qu'il en serait
ainsi sur tout notre parcours. Le lendemain, à huit heures,
nous étions en route et vers une heure, nous traversions
des marais larges et parfois profonds, nous avions de l'eau
et de la boue jusqu'au-dessus du genou, et pour surcroît
d'embarras, des racines, d'un arbre à l'autre, entravaient
notre marche ; vers deux heures nous ne savions comment
en sortir, quand nous fîmes la rencontre d'un Chinois,
ami du père Périé. Cet homme, voyant notre lassitude,
nous proposa un bateau amarré à peu de distance de là.
Arrivés au bateau, nous nous y installâmes de notre mieux,
nous étions à Houlou-Pountian-Bessar. Nos guides ne pouvant contenir dans l'embarcation, prirent un chemin de traverse, praticable pour eux seuls, enfants de la forêt, et
furent nous attendre dans une plantation de gambier tenue
par des Chinois connus du père Périé. Avec nous montèrent
les deux Chinois, nous partîmes au chant de l'*Ave Maris
stella*. Tout allait bien au début, barque et chant, mais
vers la fin de l'hymne, il fallut se courber pour passer
sous un arbre tombé en travers du cours d'eau ; à ce premier en succédèrent un deuxième et un troisième ; au
quatrième, nous fûmes arrêtés tout court. Ne pouvant
passer, force nous fut de débarquer nos personnes et les
quelques effets que nous avions gardés avec nous. Après

nous être obstinés et échinés pendant vingt minutes à vouloir faire passer le bateau par dessus l'arbre, nous dûmes y renoncer; l'idée nous vint de l'emplir d'eau, de le couler pour le faire passer sous l'arbre ; l'opération ayant parfaitement réussi, nous trouvâmes, mais un peu tard, que nous avions tous énormément d'esprit. Remontés en barque, nous descendions doucement le courant, tout en cherchant à nous garer des branches, dont la rivière était encombrée, finalement, nous atteignîmes le débarcadère de Pountian-Bessar, de là nous prîmes la direction de la plantation où nous attendaient nos guides ; continuant toujours notre route, nous traversâmes plusieurs plantations de gambier et de poivre, partout on nous offrait du thé. Arrivés à celle que nous avions choisie, je laissai le père Paris et le père Périé s'occuper de leurs Chinois, je fus visiter des Sauvages habitant dans les environs ; au retour, je pris pour abréger un chemin détestable, j'étais crotté du haut en bas. Un bain répara tout le mal. Je fus bien venu de mes confrères, j'apportais du poisson frais. Le soir, nous fêtâmes saint Henri, mon saint patron; nous portâmes un toast en l'honneur d'Henri de France, que nous regardions, alors, comme l'unique espoir de la mère-patrie.

Le lendemain nous prîmes congé du père Périé, qui, l'eût-il voulu, n'aurait pu nous suivre plus loin, attendu qu'il avait été mordu la veille par une méchante guêpe. Nous partîmes vers le nord. pour la rivière de Benot, située à égale distance de Singapour et de Malacca. Notre voyage n'eut rien de remarquable jusqu'à Songei-Barou (ruisseau nouveau). Sur notre parcours nous vîmes de magnifiques arbres, des lianes et des rotins en masse et des palmiers nains laissant tomber sur le sentier leurs feuilles épineuses. Cette forêt immense est traversée par un petit chemin, et, de distance en distance, l'on rencontre de petites huttes pour la commodité des voyageurs. A trois heures nous parvenions à Songei-Barou, là nous trouvions cinq à six cabanes désertes, construites sur des pieux à la hauteur de quinze à vingt pieds, lors de l'apparition de la petite vérole dans ces contrées (1). Nos hommes fatigués, sachant qu'il était impossible d'atteindre Benot, firent difficulté d'aller plus loin, ce que voyant, nous fîmes choix pour nous et notre jeune Chinois, de la maison la plus haute, qui se trouva la plus solide ; avant de gravir l'échelle un Sauvage s'assura de la solidité des rotins retenant les morceaux de bois formant les échelons et si nous pouvions allumer du feu dans cette construction aérienne. La nuit venue, nous allumâmes du feu, fîmes notre café et le humâmes avec délice ; nos pipes allumées, nous nous mîmes à causer longuement. Qu'avions-nous à faire, nos prières terminées ? et qu'avions-nous à craindre ? Nous étions perchés haut, et la forêt épaisse qui nous touchait, nous protégeait contre un coup de vent. Un beau clair de lune reflétait ses rayons à travers le feuillage de notre toiture, mais qu'importait ? le temps était beau, aucun bruit ne frappait nos oreilles, si ce n'est le doux murmure de l'eau qui coulait à nos pieds et parfois les cris des oiseaux nocturnes et des bêtes sauvages. Le silence des bois a bien des charmes, nous le savourions avec délice du haut de notre cabane branlante. De ma vie, je ne perdrai le souvenir de Songei-Barou.

(1) La petite vérole, *Katoumboh*, fait des ravages terribles chez les Sauvages et les Malais, gens tous généralement peu propres et se nourrissant mal. Les Sauvages ont tellement peur de la petite vérole, qu'ils abandonnent leurs maisons, leurs malades et leurs morts et vont se réfugier dans les fouillis de la grande forêt ; les Malais eux-mêmes, évitent de prononcer le nom de *Katoumboh* dans un moment d'épidémie, ils diront d'un homme mort de la petite vérole, non qu'il est mort, mais qu'il est tombé, qu'il a été renversé.

Le lendemain dimanche, nous nous remîmes en route, et à quelques pas de notre halte, nous trouvions les traces encore fraîches de l'éléphant, du tigre et du rhinocéros. Avant d'atteindre la rivière de Benot nous eûmes à franchir deux ravins en travers desquels avaient été renversés deux arbres de vingt-cinq à trente pieds de long. Ces deux arbres, ronds et relativement minces, étaient d'autant plus dangereux et difficiles à franchir, que dépourvus d'étais ils branlaient sous le pas des passants. Notre bon Ange, la Vierge Marie et le martyr invoqués nous protégèrent, nous franchîmes les deux ravins sans trop de difficultés. Le fond de ce ravin, profond de plus de trente pieds, était garni de rochers, de rotins et de ronces. Vers les trois heures de l'après-midi nous étions installés à Benot, sur le bord de l'eau, dans une maison que nous assigna le chef des Orang-Houlou. Dans la soirée je visitai les maisons les plus rapprochées de la nôtre. Le 18 fut employé à voir tous les villages situés dans le bassin de Benot. Le nombre total des Sauvages ne dépassait pas 350 à 400. Je fus très satisfait de la réception que me firent ces pauvres gens : ils me parurent disposés à recevoir la semence évangélique et de tous les Sauvages que j'ai rencontrés, la tribu des Orang-Houlou me parut être supérieure aux autres. Ils ont gardé plus intacts leurs usages et leurs traditions. A San-Pontiani nous avions projeté de pousser notre voyage jusqu'à Ndau, rivière qui se jette dans celle de Pahang, à deux jours plus loin que Benot, en se dirigeant vers l'est. Nous ne pûmes exécuter ce dessein, auquel nous tenions beaucoup, parce que nous étions atteints de la fièvre et qu'étant peu pourvus de quinine, il ne nous parut pas prudent de nous engager dans un voyage qui devait durer au moins 7 à 8 jours de plus. D'après les renseignements, que j'ai lieu de tenir pour à peu près exacts, il y a à Ndau de 250 à 300 Sauvages. Le 19 juillet nous partîmes de Benot pour Houlou-Songei-Djohor. A deux heures nous arrivions à un vieux village abandonné, nous y vîmes deux maisons, dont les rotins des échelles avaient été renouvelés à l'occasion de la saison des dourian ; nos porteurs voulurent y passer la nuit, alléguant que nous ne pouvions atteindre Houlou-Songei-Djohor que le lendemain ; j'étais assez de cet avis, mais le père Paris, pressé de retrouver ses Chinois, opina pour la continuation de la marche, il fut obéi. Mal lui en prit. Les porteurs ne reprirent pas la direction de Djohor sans laisser paraître qu'ils étaient contrariés. Une heure plus tard nous étions parvenus sur une montagne élevée, lorsque le chef des porteurs déclara net qu'il fallait coucher ici, attendu qu'il n'y avait pas possibilité d'atteindre un endroit habité. La sentence était dure, bien que méritée, il fallut s'y soumettre. Nous fîmes donc halte, je cherchai mon bréviaire, le père Paris en fit autant, et pour le calmer, je lui dis : « Ne vous troublez pas, dites votre bréviaire tranquillement. » Revenu à nos hommes, je leur dis : « Je regrette, le Père aussi, les cabanes abandonnées, n'en parlons plus. Vous allez me montrer ce dont sont capables des Sauvages, il me faut trois pondok (huttes), un pour nous deux, un pour le Chinois et un pour vous autres trois ; fumez une cigarette, puis à l'ouvrage, nous allons prier Dieu pendant ce temps. — C'est bien, il sera fait comme vous le désirez. » Nos bréviaires dits, trois abris à la sauvage étaient dressés, disposés en triangle, le feu devant être allumé dans le milieu. Pour toiture l'on avait planté, dans un sens incliné vers le foyer, toutes les feuilles de palmier nain ; sur la terre nue et humide avaient été disposés des bâtons ronds, rapprochés en guise de plancher.

Après avoir inspecté les constructions improvisées, le chef me dit : « Les Pères sont-ils satisfaits ? — Oui, répondîmes-nous, seulement il nous faudrait des écorces, pour couvrir ce plancher. — Le moyen d'en avoir, répondit-il ? » Pour toute réponse, je lui montrai en souriant un gros arbre. Le dépouiller de son écorce fut l'affaire d'un instant. La nuit venue, le père Paris et moi nous nous blottîmes sous notre toit, qui laissait les jambes et les pieds à découvert, bon seulement à nous garantir le buste de la rosée de la nuit. Le feu allumé dans le milieu du triangle réchauffait nos pieds, nos jambes et nous garantissait des bêtes fauves ; à ce feu nous fîmes griller les quelques kladi (ignames) qui nous restaient. Nous les partageâmes en bons frères, ce fut tout notre souper. Grâce à nos Sauvages, nous eûmes de l'eau bourbeuse pour boire et faire notre café. Nous mangeâmes d'un très bon appétit nos kladi, ils nous parurent fort bons, et pourquoi ne le dirai-je pas ? ils étaient délicieux, succulents même, meilleurs que les mets les mieux préparés, il ne leur manquait qu'une seule qualité : la quantité. La faim est une excellente cuisinière ! Tout en causant, nous nous servîmes deux bonnes tasses de café, qui lui aussi ne laissait rien à désirer, et pour compléter la fête, le père Paris m'offrit un bon cigare de Manille en me disant : « Je suis généreux avec la générosité des autres. Père Borie, êtes-vous content ? que vous manque-t-il ? — Je suis satisfait, il ne me manque rien, absolument rien, Dieu est grand et généreux, il nous accorde une nuit splendide, au ciel pas un seul nuage, les étoiles brillent et la température est douce. » Après avoir parlé longtemps de nos familles, de nos amis, de la patrie absente et prié longuement, nous nous endormîmes sous l'œil de Dieu, la protection de Marie Immaculée, et du Martyr, sans nous préoccuper le moins du monde, si quelque bête féroce, dont la forêt abonde, viendrait interrompre notre sommeil. Le lendemain à six heures nous étions sur pied, frais et dispos, nous nous remîmes en route. Vers midi, arrivés sur une montagne nous fîmes la rencontre de dix à douze Sauvages reconduits à Benot par un Malais, nous nous arrêtâmes de part et d'autre. Le père Paris était altéré et il me demandait comment apaiser sa soif. Sur un mot de ma part, un Sauvage se détache, avise un arbre enlacé d'une grosse liane. La couper, et verser son suc limpide comme de l'eau de roche, dans notre cafetière, fut l'affaire d'un instant ; les autres Sauvages imitent l'exemple du premier, en sorte que nous en bûmes tout autant que nous en voulûmes. Le père Paris, qui ne connaissait pas ce bienfait de Dieu, en était tout émerveillé. A trois heures nous traversions le plateau qui sépare Benot de Djohor, nous arrivions à Aier-Kantchil (eau du chevrotin), coulant aux pieds de ces monts, nous suivions le lit fougueux d'Aier-Kantchil, où nous enfoncions le plus souvent jusqu'au genou. Au bout d'une demi-heure, nous entrions dans l'embranchement ouest de Djohor, nommée en cet endroit, Houlou-Songei-Djohor ou Songei-Sahiong. Nous ne savions comment poursuivre notre route à travers la boue des deux cours d'eau réunis et les rotins qui nous déchiraient les habits et labouraient nos épaules, mais la Providence y avait pourvu pour nous. Un bateau laissé amarré au bout de ce lit fangeux, par les Sauvages que nous avions rencontrés sur le plateau, nous y attendait et il était assez grand pour nous contenir tous. Il est plus facile de penser que d'exprimer la satisfaction que nous éprouvâmes à la vue de ce bateau béni. Une fois installés, le bateau mis à flot, le père Paris et moi, voulant témoigner publiquement notre gratitude à Dieu, à la Vierge, la grande providence des missionnaires, nous entonnâmes de notre plus belle voix, de notre plus forte voix, le *O gloriosa Domina*. Nos Sauvages entendant les échos des deux rives répercuter nos mâles accents, disaient : *Bagous, bagous*, c'est beau, c'est beau, comme ils chantent fort ! Nous reprîmes plus haut, alors les Sauvages n'y tenant plus, se mirent à battre des mains et redire : *Bagous, bagous sakali*, c'est beau, c'est vraiment beau. Au *Gloriosa Domina* succéda *Ave Maris stella*, nouveaux applaudissements, nouveaux battements des mains. Le père Paris qui ne doutait certes pas du volume de sa voix, mais un peu de sa justesse, me dit : « Les Sauvages nous applaudissent, les pères Rèmes et Daguin n'en feraient peut-être pas autant. — Qu'importe? répondis-je : les pères Rèmes et Daguin sont des gens difficiles en fait de chant ; vous et moi n'avons point cette faiblesse-là, à un demi-ton près, nous nous tenons pour satisfaits, les Sauvages aussi, et pour preuve, oyez plutôt, ils disent : *Lagi sakali, bis, bis. O gloriosa Domina !* » Jamais ces rives sauvages et solitaires n'avaient retenti d'un chant à la louange de la Vierge Marie et nous étions heureux de penser que ce chant était agréable à notre bonne mère, qui, elle aussi, dans pareil cas, sait se contenter d'un à demi-ton près.

La barque emportée par le courant eut bientôt franchi l'espace qui nous séparait de la localité où habitaient les Sauvages. Le bateau, fortement amarré, nous prîmes la direction du village du Batin de Djohor, qui lui aussi nous attendait depuis trois jours. Notre premier soin fut de nous laver, de nous baigner. A la nuit nous avions fait connaissance avec les habitants des cabanes, qui environnaient celles du Batin. Le lendemain nous payâmes nos guides : ces braves gens, émus jusqu'aux larmes, prirent congé de nous pour revenir à Pountian-Ketchil, chez les Chinois du père Périé. Nous étions au 21 juillet.

Le lendemain, le Batin ayant consenti avec un de ses hommes à nous servir de pilote, nous reprîmes le même bateau qui nous avait si utilement servi l'avant-veille. En descendant la rivière, nous fîmes halte plusieurs fois, pour aller avec le Batin visiter les Sauvages qui habitaient non loin de ces rives, ils étaient de là tribu des Orang-Houlou. Nous en rencontrâmes de 125 à 150 ; eux aussi avaient été prévenus de notre arrivée ; remontés en barque, notre navigation se poursuivit jusqu'au premier village Malais, situé à l'embouchure de Pengli. Là, ayant trouvé du riz, nous prîmes notre repas, et bien que le jour fût sur son déclin, nous poursuivîmes notre navigation. La nuit profonde venue, muni d'une torche allumée, je m'assis sur l'avant du bateau pour éclairer la route, la rivière était encaissée, les eaux basses, très basses, partout. La rivière était obstruée de troncs d'arbres et de branches ; à onze heures, nous étions à Linggiou, le deuxième embranchement, qui avec celui de Sahiong que nous quittions, formait la rivière de Djohor. Du bec Sahiong-Linggiou, nous pouvions avec notre bateau aller jusqu'à Ndau : ne pouvant entreprendre ce voyage pour les raisons données plus haut, nous poursuivîmes notre descente. Vers minuit nous étions à Rantau-Pandjang (la longue plaine). Nous étions accablés de sommeil et de lassitude, impossible de poursuivre notre course. Le bateau fortement amarré à la rive, nous voulûmes essayer de dormir. Impossible, des myriades de moustiques voltigeaient et bourdonnaient à nos oreilles, entrant dans la bouche et les narines, nous piquant au visage, aux mains et aux pieds ; n'y tenant plus, nous avisâmes une maison sur la berge, que nous avions tout d'abord dédaignée, nous y montâmes au moyen d'une échelle appliquée au sol en mode de débarcadère ; parvenus au haut, le Batin qui était connu, demanda l'hospitalité pour tous ; nous ayant été accordée, nous pénétrâmes dans l'intérieur de la maison et y dormîmes d'un profond sommeil. A Rantau-Paudjáng, nous vîmes quelques Sauvages devenus Musulmans et gouvernés par un Malais marié à une fille des Orang-Houlou. Vers le milieu du jour nous touchions à Tandjoug-Petai. Le cap Petai est formé par un coude de la rivière. En cet endroit elle est large et magnifique, elle prend déjà l'allure d'un petit fleuve. Tandjoug-Petai est un très beau site, assez élevé pour apercevoir Gounong-Poulai, que nous avions contourné dans notre expédition. A Tandjoug-Petai nous vîmes des briques, grandes, bien faites, bien conservées, elles étaient extraites d'un monticule à peu de distance du cap. Ayant interrogé à ce sujet des Malais, j'appris que nous étions sur les ruines de Kota-Tinggi, Batou-Sabar, ou mieux Djohor-Barou. La nouvelle Djohor est à quelques kilomètres en amont de l'ancienne capitale, de là son nom de Kota-Tinggi, la forteresse du haut de la rivière. Djohor-Barou fut bâtie en 1609 et prit le nom de Batou-Sabar (la pierre d'attente) la plupart des habitants de Djohor-Lama, vinrent s'établir à Batou-Sabar. Il ne reste rien de cette ville, si ce n'est quelques débris de briques.

De Tandjoug-Petai, nous arrivâmes en une heure et demie, en vue de Kota-Djohor-Lama. Quelques chétives maisons Malaises, abritées sous le feuillage d'arbres à fruits, sont plantées tout près du débarcadère. Une allée de jeunes cocotiers conduit du débarcadère au fort des Sultans de Djohor, dont il ne reste plus que quelques débris. Nous visitâmes les restants d'un mur sortant à peine de terre, que notre introducteur Malais appelait Kota-Djohor-Lama, l'ancienne forteresse de Djohor, et qui n'est plus qu'un tombeau ou kramat (1). Ce tombeau mesure quarante-cinq pieds de longueur, sur treize pieds de largeur. La plate-forme est garnie de tombes dont les pierres tumulaires, très bien travaillées, sont d'un grain assez fin. Nous comptâmes quinze tombes, celle du milieu est entourée d'une petite cabane, à la porte de laquelle flottent au gré du vent trois vieux drapeaux ; dans l'intérieur de la cabane nous vîmes des vases en terre pour recevoir l'encens. Un parterre de fleurs bien soigné longe les murs intérieurs du kramat. Le nom primitif de cette ville fut Singapoura que lui donna son fondateur Sang-Nila-Vatam au xiie siècle ; le nom primitif du pays était Tamasak. Les Portugais détruisirent Djohor en 1603. Le Sultan, quoique privé de sa capitale, put en 1606 conduire devant Malacca 60,000 hommes. L'immortel Boukari, auteur de la Couronne des Sultans, *Makota-Segala-Radja* est natif de Djohor. En revenant au bateau, nous aperçûmes çà et là divers tas de briques et quelques pierres de fer, extraites des fondements. Nous quittâmes à regret ces lieux pleins de souvenirs historiques, en nous disant : « Ainsi passe la gloire de ce monde. »

A six heures du soir nous arrivions au Kangka de Songei-Brangan (au Kangka de la rivière aux châtaignes),

---

(1) *Kramat* (arabe), tombeau, sépulture, cénotaphe, cimetière, terre sainte ; lieux de superstition, toujours renfermés dans des constructions soit en pierre, soit en briques ou même en terre ; anciens sépulcres des personnages célèbres et vénérés, tels que les missionnaires Arabes qui convertirent les Malais du xie au xiie siècles ; hauts-lieux réputés hantés par les génies ou des esprits qu'il faut se rendre propices. Le personnage ou esprit invoqué en ce lieu s'appelle Tok-Kramat, son mausolée est d'autant plus long, que son pouvoir ou sa malignité a de renom. Les Kramat des Malais, représentent les hauts-lieux des Juifs et sont souvent le rendez-vous des amoureux et des impurs. Dans le style relevé, le mot Kramat, signifie souvent, tombe, tombeau.

pour y chercher une barque pour Sarangon. Selon notre promesse, nous achetâmes deux cents livres de riz blanc pour le Batin et son compagnon. qui furent enchantés de notre générosité. Le lendemain à midi nous abordions à Sarangon, résidence ordinaire du père Paris, et le dimanche au soir, le 24 juillet, nous rentrions à Singapour, chez le père Beurel. Notre voyage avait duré quatorze jours.

APPENDICE AU CHAPITRE PREMIER

En terminant ce chapitre (page 16), je disais : « La domination anglaise est appelée à s'étendre, d'ici à peu d'années, non seulement dans les détroits, mais encore dans les divers Etats de la péninsule. » J'ignorais alors, que par suite du traité de Pangkor (1874), intervenu entre la puissance Britannique et des chefs Malais, le protectorat de médiat qu'il était, fût devenu immédiat. Le drapeau anglais flotte donc sur Perak, Salangor et Songei-Houdjong. Toute la côte ouest de la presqu'île, depuis la frontière de la province Wellesley au nord, jusqu'à la rivière de Mouar au sud de Malacca, obéit sans conteste possible à l'Angleterre.

Les Anglais en remontant la rivière de Linggi, bornant au nord le territoire de Malacca, sont arrivés au cœur de la péninsule, à Songei-Houdjong, pays couvert en partie de vastes forêts vierges. Le sol de cet Etat réputé riche et fertile, renferme dans ses profondeurs d'abondantes mines d'étain. De Songei-Houdjong les Anglais domineront facilement les districts voisins, échelonnés sur le versant sud-ouest de la chaîne de montagnes, et arriveront ainsi au Mont-Ophir, qui confine au territoire de Malacca. Roumbau, qu'ils traversent, et Linggi qu'ils longent en montant et descendant la rivière de ce nom, seront tout naturellement appelés, s'ils ne le sont déjà, à être annexés dans un avenir très prochain. D'un document officiel contenant la liste de tous les fonctionnaires civils du gouvernement Anglais des détroits, qui m'est communiqué par un de mes confrères de Malaisie, j'extrais les renseignements suivants :

Les détroits, c'est-à-dire Singapour, Malacca, Pinang et la province Wellesley et Dinding, occupent une superficie totale de 1,500,000 lieues carrées, sur laquelle vivent 500,000 personnes. Cette base donnée, il est permis d'estimer approximativement la population totale de la presqu'île Malaise à plus d'un million.

Le recensement de 1884, classe, ainsi qu'il suit, la population blanche de la colonie.

	Hommes.	Femmes.	Total.
Singapour.	2,207	562	2,769
Malacca	31	9	40
Pinang, la province Wellesley et Dinding	565	109	674
Total	2,803	680	3,483
Revenus de 1884.			3,410,000 piastres.
Dépenses de 1884.			3,300,000 piastres.

PERAK

La colonie de Perak, la plus considérable des trois Etats nouvellement annexés, a une administration complète, son personnel se compose d'un résident, d'un sous-résident et de 52 fonctionnaires, tels que : trésorier, collecteurs d'impôts, super-intendants de police, des postes et télégraphes, ingénieurs du chemin de fer, des mines et des travaux publics, inspecteurs des routes, employés du cadastre, médecins et apothicaires, etc., etc.

Perak est divisé en plusieurs districts, gouvernés par un ou plusieurs magistrats et collecteurs d'impôts selon l'importance du poste. Les districts de Perak, sont :

Bernam et Slim,

Matang,

Krian, Karau, Selama,

Larout,

Kouala-Kangsa.

Lower-Perak.

Revenus de Perak en 1884.		1,435,696 piastres.
Dépenses — —		1,433,761 piastres.

SALANGOR

L'Etat de Salangor, plus nouveau et moins important que Perak, a un résident et douze fonctionnaires divers, tels que : un chef magistrat et un assistant magistrat, un trésorier, un inspecteur des mines, etc., etc. Salangor est divisé en plusieurs postes, et chaque poste est pourvu d'un collecteur des impôts et d'un magistrat. Les principaux postes, sont :

Kelang ou Klam,

Langat,

Houlou-Langat,

Kouala-Loumpour,

Kouala-Salangor,

Houlou-Salangor.

Revenus de Salangor en 1884 . . . . 463,877 piastres.
Dépenses — — . . . . 596,902 piastres.

SONGEI-HOUDJONG

L'établissement de Songei-Houdjong est loin d'avoir, dans le présent, tout le développement dont il est susceptible ; il est gouverné par un résident et cinq autres fonctionnaires, tels que : un collecteur d'impôts faisant l'office de trésorier, un inspecteur de police, un intendant des travaux publics, deux arpenteurs et un apothicaire. Le nombre total des fonctionnaires Anglais dans Perak, Salangor et Songei-Houdjong, est de soixante-treize.

Chaque Etat du protectorat a ses constables et ses pions pour maintenir l'ordre et faire la police ; les pions ou *mata-mata* (yeux) sont généralement pris chez les Malais et les Indiens.

DEUXIÈME PARTIE

LA PRESQU'ILE DE MALACCA

ET LES SAUVAGES

LA PRESQU'ILE DE MALACCA

ET

LES SAUVAGES

CHAPITRE Ier

Des divers noms que portent les Sauvages. — Traits caractéristiques qui les distinguent. Leur nombre approximatif. —Les Sauvages sont-ils aborigènes dans la péninsule ? — Leurs traditions à cet égard. — Descendent-ils du singe ? — Le Batin-
Alam et son navire qui *naviguait tout seul*. Première invasion des Batak. — Le ba-
tin-Meragalang. — Défaite des Batak. — Le Batin-Tchangei-besi. — Dernière invasion des Batak. — Les Sauvages sont refoulés dans l'intérieur des terres.

Les Sauvages de la presqu'île de Malacca, dont je vais,
chers lecteurs, vous entretenir dans cette deuxième partie
de mon travail, sont les derniers débris de races primitives
qui, dans la presqu'île, comme dans toute la Malaisie,
furent graduellement refoulées dans l'intérieur des terres
dès le xie et xiie siècle, à mesure que les Malais s'établirent sur les côtes.

Les aborigènes, depuis cette époque, errent dans les
vallées, sur le versant des montagnes, partout où la solitude règne, y vivent en nomades, ne pouvant se fixer
nulle part au sol. Ils sont connus sous divers noms; ce
sont, au nord, dans la partie Birmane et la partie Siamoise de Ponggah et de Ligor, les *Karian*; vers Kedah et
Perak, les *Semang*; de Salangor au Mont-Ophir, les *Mantra*:

du Mont-Ophir à Mouar, les *Djakon* ; de Mouar au cap Roumania, les *Orang-Houlou*. Les Karian, les Semang, les Mantra, les Djakon et les Orang-Houlou, cinq tribus Sauvages qui habitent la chaîne de montagnes qui traverse du nord au sud la péninsule. Ces cinq grandes tribus, se ramifient et se subdivisent entre elles, les principales dénominations sont : les *Mouka-Kouning* (les figures jaunes) ; les *Biduanda* (les gardes du corps) et les *Sabimbang* (les hésitants), qui habitent le sud de la presqu'île : les *Besisik* (les écailleux) et les *Kenaboï*, qui se rattachent aux Mantra. La dénomination de *Raïet*, que les Malais donnent en général aux Sauvages, est regardée par eux comme injurieuse, il en est de même du mot Javanais *Sakei*, qui exprime une idée de dépendance, d'esclavage. *Orang-Lahout* (homme de mer), désigne une peuplade qui habite continuellement dans des bateaux, s'adonnant à la piraterie et à la pêche ; on trouve des Orang-Lahout dans toute l'Indo-Chine. Cette race me semble plutôt être Malaise qu'issue des aborigènes de la presqu'île.

Les noms les plus généraux sous lesquels les Malais désignent les Sauvages, sont : *Orang-Benoua* (aborigènes, homme du pays) ; *Orang-Outan* (1) (homme des bois) ; *Orang-Bouket, Orang-Gounong,* (montagnards) ; *Orang-Rimba,* (habitants des forêts).

Il n'existe pas en Malais de terme générique pour exprimer le mot de Sauvage, celui de *benoua* devrait être adopté, parce que seul, il rend le mot d'aborigène, originaire.

---

(1) *Orang-outan* (habitant des bois), un des noms sous lequel on désigne les Sauvages de la presqu'île de Malacca. — Orang-outan (l'homme des bois), nom d'un singe appartenant à la même famille que le Siamang et l'Oungka (V. la note, page 60). L'homme des bois est plus gros, plus fort et plus méchant que ses deux congénères. Il est susceptible d'apprendre à servir à table. *Outan* voulant dire bois, et *Outang*, devoir, dette, c'est Orang-outan, et non Orang-outang qu'il faut écrire et prononcer.

indigène, mais il est rarement employé. Le mot *Djakon*, employé généralement par les Anglais des détroits, est impropre, c'est le nom particulier d'une des plus petites tribus de la presqu'île et il n'est pas accepté par les autres tribus, qui regardent les Djakon comme leur étant inférieurs. Le mot *Orang-Bouket* semble être le mot le plus généralement et le plus facilement accepté des aborigènes.

Les Sauvages ne diffèrent pas essentiellement des Malais : ils se rattachent, comme ces derniers, à la race des Océaniens jaunes, ils ont assez ordinairement les cheveux crépus sans être laineux ni frisés, les lèvres grosses, le teint tirant sur le noir, la bouche très fendue, le nez élargi, la figure ronde et sensiblement aplatie, les membres grêles : ils sont, en général, plus petits et moins vigoureux que les Malais, et portent sur leurs traits une empreinte de douceur, de simplicité et de timidité, qui prévient de prime abord en leur faveur, mais, ainsi que les nègres de l'Océanie, ils exhalent une odeur forte ; la propreté n'est pas encore, chez ces races déchues, passée à l'état de vertu.

Le nombre des Sauvages de la presqu'île ne saurait être évalué même approximativement, vu que l'on ne saurait se fier aux renseignements que pourraient donner les Malais et les Sauvages qui savent à peine compter ; néanmoins, pour dire mon opinion, je pense que ce serait beaucoup de porter tous les Sauvages de la presqu'île Malaise proprement dite de 15,000 à 18,000. Le nombre des Mantra ne paraît pas dépasser 4.500, celui des Djakon 1,000, les Orang-Houlou 3,500, les Semang 4.000 et les Karian 3,500. Ce chiffre, tout restreint qu'il est, ne peut pas manquer de diminuer, si des circonstances favorables ne viennent au secours de ces races déshéritées. La vie sociale est le véritable état de l'homme, son véritable élément, ce pour-

quoi il a été fait. La vie nomade que mènent les Sauvages, vue de près, vie à laquelle des utopistes, des théoriciens chagrins ont voulu ramener l'humanité, l'âge d'or,
si vanté des poètes, ne sont en réalité que des états de
misère, d'imbécillité et de déraison. Ainsi pensera tout
homme de bonne foi et d'un esprit bien équilibré, qui
aura vécu au milieu d'une tribu sauvage pendant de longues années.

La tribu Mantra (1), étant la première appelée à la
connaissance du saint Évangile, on ne sera pas étonné, si
je parle spécialement d'elle, étant la seule que j'aie étudiée
à fond, la seule dont je connaisse parfaitement les croyances, les traditions et les usages. Ces détails nécessaires
donnés, parlons en premier lieu de l'origine des Sauvages,
voyons ce qu'eux-mêmes nous disent à cet égard.

L'origine des Sauvages de la péninsule Malaise, de
même que celle de presque tous les peuples, lorsqu'elle
n'est pas basée sur les écrits de la Bible, se perd dans la
nuit des temps. Ici rien, ni monuments, ni histoire, ni
inscriptions, ni tradition constante pour guider les savants
dans la recherche du berceau de ces peuplades. Les seuls
jalons de quelque valeur, pour remonter à l'origine de
cette nation jadis, peut-être, un grand peuple, c'est, 1° la
comparaison des divers dialectes en usage parmi ces peuples nomades. 2° l'examen de leurs croyances et l'étude de
leurs mœurs. C'est un fait constant, que les tribus Sauvages de la presqu'île se regardent comme les premiers habitants du pays et ne considèrent les Malais que comme des
envahisseurs.

---

(1) *Mantra*, mot sanscrit, signifiant enchantement, charme, incantation, formule
magique. Nom d'une des cinq grandes tribus de la péninsule, la première qui a accepté
le catholicisme. Cette tribu, adonnée aux superstitions, mérite son nom, tribu de
magiciens et de sorciers.

Je me rappelle avoir entendu plusieurs aborigènes.
raconter fort sérieusement, qu'ils descendent de deux singes blancs, deux Oungka-Poutch (1). Ces deux Oungka.
ayant engendré, leurs petits se rendirent dans la plaine et
s'y perfectionnèrent si bien et si bien avec le temps, qu'ils
devinrent des hommes ; ceux d'entr'eux, au contraire. qui
retournèrent à la montagne restèrent singes.

M. Darwin, savant Anglais, grand théoricien, publia en
1859, « un ouvrage célèbre où il cherchait à établir un
« système, qui conduit à faire descendre l'homme du singe.
« le singe d'un autre type moins parfait et finalement tou-
« tes les espèces d'un premier type doué d'une vie animale,
« aussi peu développée qu'on puisse l'imaginer, moins déve-
« loppée encore que celle de l'huitre ou du polype le plus
« imparfait. » Selon Darwin, dit M. Figuier, « tous les carac-
« tères qui distinguent le plus essentiellement l'homme de
« la brute ont été acquis lentement et progressivement, par
« une longue série de variétés de plus en plus humaines, qui
« se sont supplantées les unes les autres. » (V. *Dictionnaire
théologique* de Bergier, article *Darwin*, par Lenoir.)

Tout l'esprit des Darwin ne détruira pas le fait suivant.
La bête n'a pas plus progressé dans les temps passés,
qu'elle ne progresse dans les temps présents : bête était
le singe, bête il est, bête il sera. De temps immémorial.
le Sauvage compose son poison, perce de sa flèche empoisonnée le singe qui se joue à la cime de l'arbre, et pas

---

(1) *Oungka*, ongka, le petit Gibbon de Buffon. espèce de singe sans queue, marchant
debout en se balançant; c'est la plus belle espèce de singe connue, ressemblant le
plus à l'homme. Le petit gibbon s'apprivoise facilement et est très doux. Il y a deux
sortes d'oungka, le noir et le blanc. L'oungka-poutch est plus rare et plus recherché
que l'oungka-itam, le gibbon noir.

Le Siamang, le grand Gibbon, est plus gros que l'oungka et plus petit que l'orang-
outan de Bornéo. Il habite les monts Tamping. Djohol et Roumban. Il a la voix
forte et ranque.

un singe à l'état libre ou domestique, n'est encore parvenu à exercer sa vengeance sur les humains. Le mot de Buffon « le plus stupide des hommes suffit pour conduire le plus spirituel des animaux » a été vrai, est vrai et restera vrai. M. Maillet, consul de France en Egypte, fait descendre les hommes des poissons, et l'auteur de la *Philosophie de la nature* et celui des *Mélanges de l'histoire naturelle*, font descendre les poissons, des hommes. Avouons-le, mes Sauvages sont, pour le moins, tout aussi savants et fondés en raison que nos prétendus philosophes, et ils ont sur eux l'avantage incontestable de la priorité de l'invention.

Parmi les Sauvages, les plus versés dans les traditions disent : « Que Dieu ayant créé dans le ciel un *Batin*, leur premier père et roi, lui donna une compagne, et que de cette reine et de ce roi descendent toutes les tribus aborigènes de la péninsule et que, charmés des beautés de la rivière de Djohor, ils descendirent du ciel et s'y fixèrent. » Les Mantra en particulier admettent une semblable origine sans spécifier le lieu du séjour de leurs premiers pères et racontent dans les termes suivants l'histoire de leur établissement dans la presqu'île : « A une époque reculée, dont ils ne peuvent préciser le temps, un de leurs chefs, le Batin Alam (le roi de l'univers), ayant construit un beau et grand *navire*, fit voile de Roum (1) pour l'Orient. Ce navire à marche rapide *voguait tout seul*. Après quelques jours de traversée, il mouilla en un petit port, nommé depuis Malacca. Dans ce navire se trouvaient toutes les choses nécessaires pour fonder une colonie. L'émigration débarquée, fut divisée en cinq colonnes, l'une fut dirigée par

____

(1) *Roum*. Les Malais nomment Constantinople, Roum ou Istamboul. Il est à remarquer que tous les peuples de l'Occident se disent originaires de l'Orient et que tous les peuples de l'Orient se disent venir de l'Occident.

delà les montagnes de Djohor et de Roumbau ; une autre remontant la rivière de Linggi jusqu'à sa source, s'y fixa : deux autres pénétrèrent plus avant dans l'intérieur du pays, se fixèrent l'une à Klam et l'autre à Djelebou. » Le Batin Alam s'établit sur les bords de la mer et garda pour lui la puissance souveraine, les chefs qui s'établirent dans les provinces nommées, n'étaient que ses vassaux. Chose digne de remarque, le grand Batin que j'ai visité, il y a quelques années, revendique les mêmes droits de suzeraineté.

« Le navire du Batin-Alam ne fut pas *détruit,* il existe encore sur une *montagne* de la péninsule qu'il n'est pas permis de nommer. Tout le temps que vécut ce chef, les Sauvages restèrent libres possesseurs du pays. Ce ne fut qu'après des siècles, que des peuples regardés, même aujourd'hui, comme anthropophages, vinrent de Sumatra, s'emparèrent du pays et poussèrent leurs conquêtes jusque dans l'intérieur. Les Batak (1), tel est le nom de cette peuplade, égorgèrent et dévorèrent un grand nombre d'entr'eux. Il se trouva pourtant parmi les indigènes un chef, un homme courageux, assez heureux pour réunir ses frères dispersés. De concert avec eux il construisit en toute hâte un navire sur lequel il s'embarqua avec les débris de son peuple et fit voile pour Roum où il parvint heureusement en très peu de jours. Le Batin Meragalang (bracelets rouges), c'était son nom, ayant débarqué son peuple en lieu sûr, appareilla de nouveau pour Malacca : seul il fut

____

(1) *Batak,* Bata, peuplade de la côte O. de Sumatra, peu soumise aux Hollandais. Les Batak sont réputés, même aujourd'hui, anthropophages. Les aborigènes de la péninsule les redoutent et les ont en horreur de temps immémorial. Il existe dans l'intérieur de Sumatra, au nord de Padang, une peuplade que les Sauvages de la péninsule redoutent presque à l'égal des Batak, ce sont les Orang-Rava (habitants des marais), qui passent à leurs yeux pour anthropophages.

le vengeur de ses frères, le libérateur de sa patrie. Le bruit de son retour s'étant répandu comme l'éclair, les Batak se réunirent en grand nombre, dans le but de faire griller le vieux, mais le vieux était devenu invulnérable, et le jour des représailles était proche. Meragalang se livra aux Batak, mais ils ne purent jamais parvenir à le blesser. Le Batin se tournant alors vers ses ennemis, leur dit : « Vous le voyez, vos armes respectent ma chair, liez-les en faisceaux, lancez-les dans l'espace, et si elles peuvent voler, je me constitue définitivement votre prisonnier ; si au contraire, vos armes obéissent aux lois de la pesanteur, retombent et que les miennes aient le privilège de voltiger dans l'espace, vous subirez la loi du vainqueur.» Le défi fut accepté, mais comme Meregalang l'avait prévu, ses armes seules purent voler et furent d'elles-mêmes abattre la forêt voisine, puis se retournant vers les Batak consternés, les taillèrent en pièces. Tous périrent, hormis un seul, qui s'étant soumis, obtint la vie sauve. Libre possesseur désormais du pays, le Batin Meregalang revint à Roum et en ramena, quelques temps après, son peuple, qu'il divisa ainsi que l'avait fait le Batin Alam.

« Longtemps après la mort de Meregalang, les Batak revinrent envahir la péninsule : le Batin Tchangei-Besi (ongles de fer), qui gouvernait alors, fut définitivement refoulé, lui et les siens, dans l'intérieur de la péninsule. »

Cette seconde invasion qui fut la dernière, doit se rapporter, je pense, à l'époque dont j'ai parlé au commencement de ce chapitre. Les Sauvages qui jusque-là avaient pratiqué la religion de Radja-Brahil, savaient alors lire et écrire, ainsi que je le dirai en parlant de leur religion.

CHAPITRE II

Le sentiment de la pudeur, quoique affaibli chez les Sauvages de la presqu'île, est néanmoins autrement développé chez eux, que chez la plupart des insulaires de l'Australie ; ces derniers ne sentent pas, au milieu d'une civilisation qui grandit de jour en jour, la nécessité de cacher ce que notre nature déchue réclame de voiler. Chez nos Sauvages, le costume n'a rien de fixe et de déterminé par l'usage ; se couvrir du mieux que l'on peut, voilà, je crois, la seule et unique règle. Dans les forêts, les hommes portent pour tout habillement, une ceinture en toile, ou en écorce flexible nommée *kouliet-trap*, c'est ce qu'on appelle le *tchavat*, *pannus menstrualis*, le langouti des Indiens. Le mot orang-bertchavat, désigne les indigènes et les kling, qui se contentent de cette ceinture. Les enfants des deux sexes, jusqu'à trois ou quatre ans, sont presque toujours nus, et les petits garçons, dans l'intérieur, le sont encore à six et à sept ans. Les femmes sont toujours couvertes d'un *sarong*, habillement Malais qui enveloppe tout le corps depuis le haut de la poitrine jusqu'aux pieds. L'habit de fête est, pour les hommes, le pantalon Malais, descendant jusqu'au genou, et le *badjou* ou habillement de dessus, espèce de gilet à longues manches ; un mouchoir de couleur couvre le plus souvent leur tête. Pour les femmes c'est le sarong et le *badjou-pandjang*, ou grand habit, que les Portugais nomment *kabaia*, espèce de longue robe entière-

ment ouverte sur le devant, mais rattachée sur la poitrine
au moyen d'épingles ou de boucles rondes à un seul ardillon,
nommées en Portugais, *courassan*. Les Sauvages portent une
chevelure flottante et sans ordre, mais le plus souvent courte;
d'autres se rasent entièrement la tête à la manière musulmane. Les enfants nourrissent assez souvent sur le front, ainsi
que c'est l'usage chez les petits Malais et les petits Musulmans et Indiens, une mèche de cheveux de deux ou trois
pouces de long. Quant aux femmes, elles soignent médiocrement leurs cheveux, qu'elles ramènent, ainsi que les Malaises, sur le haut de la tête; là elles les nouent en forme de
couronne, autour de laquelle elles passent des épingles d'argent, le plus souvent en cuivre; aux jours de fête, plusieurs
mettent autour de la couronne des fleurs ou de jeunes
pousses d'arbrisseaux. Les parents pratiquent dans les
oreilles des petites filles de larges trous, destinés à recevoir
des pendants d'oreilles en argent ou en étain ; si elles ne
peuvent s'en procurer, elles y suppléent au moyen de
tendres feuilles de bananiers roulées en spirales, ou bien
encore, par des morceaux de bois, sculptés dans la forme
cylindrique. Un autre ornement des femmes, auquel elles
tiennent beaucoup, c'est le *pinding* Malais, large plaque
de métal, de forme ovale, remplaçant chez elles, les boucles de ceinture chez les femmes d'Europe. De larges pla-
ques en métal, minces, pliées en forme de bracelets, com-
plètent leur toilette ; c'est ce que les Malais nomment *glang*.
Au cou des enfants sont suspendus des colliers, assemblage bizarre d'osselets de singe, de dents de sangliers, de
tigres, de liards, de coquillages, etc. Ce collier n'est pas seulement un ornement, c'est aussi, selon eux, un talisman,
un préservatif contre la maladie.

Tribus errantes, vivant presque au jour le jour, les abo-

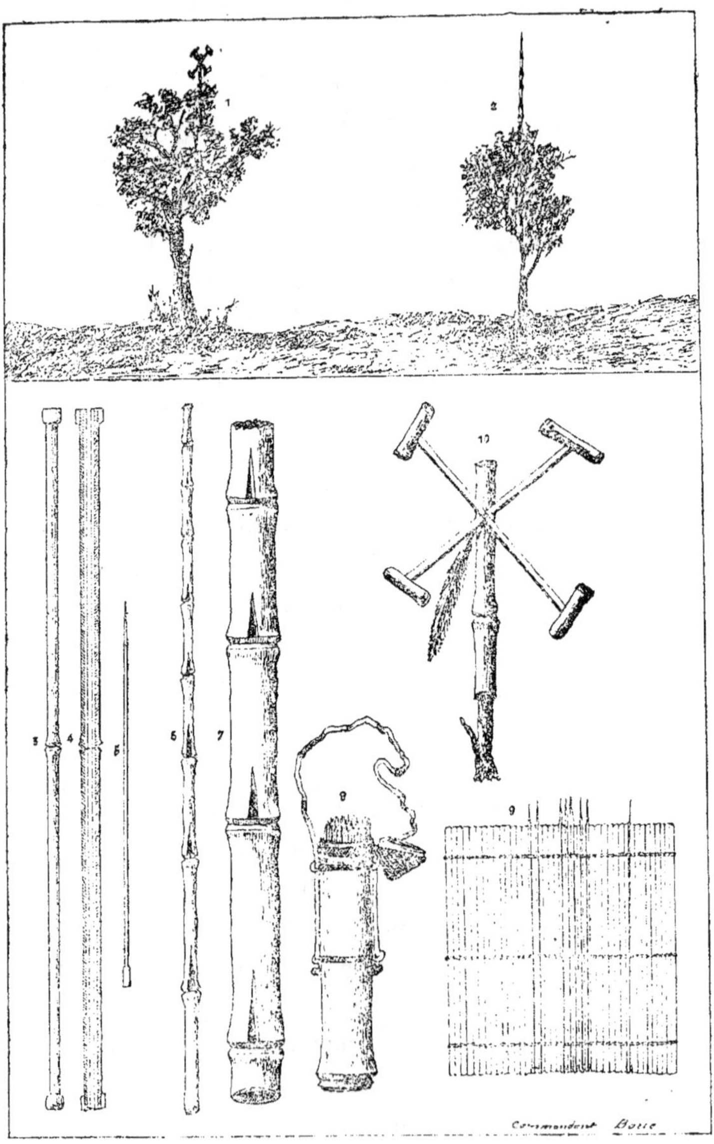

1 Baling sur un arbre. — 2 Boulou-ribout sur un arbre. — 3 Toumiang
ou Sarbacane des Sauvages. — 4 Toumiang coupée pour montrer le détail
de l'intérieur. — 5 Damah, ou flèche empoisonnée. — 6 Boulou-ribout. —
7 Boulou-ribout vue en détail. — 8 Tabong, ou carquois. — 9 Plaïtche, ou
natte à conserver les flèches se roulant dans le carquois. — 10 Baling qu'on
porte à la main en courant.

rigènes ne se donnent pas, comme nous, ni le temps, ni la peine de se construire des maisons vastes, agréables, commodes et solides ; c'est à peine si les leurs garantissent de la pluie, elles sont ouvertes à tous vents, n'ayant le plus souvent ni portes, ni croisées. Pour avoir une idée de ces huttes de Sauvages, et je parle des plus belles, figurez-vous neuf colonnes, dont six plus courtes et trois autres d'un tiers plus longues que les premières, fortement plantées en terre sur trois rangs, les trois plus élevées dans le rang du milieu. Toutes les colonnes sont unies au sommet les unes aux autres par des pièces de bois transversales et latérales, liées au moyen de rotins ; sur ces pièces qui relient les colonnes, au sommet, ils posent des lattes pour soutenir le toit couvert de feuilles. Pour le plancher, qui d'ordinaire est élevé de quelques pieds de terre, ils posent, en guise de poutres, sur les pièces de bois latérales et transversales, quelques lattes rondes rapprochées les unes des autres, qu'ils recouvrent d'écorces d'arbres ; les côtés sont plus ou moins fermés avec des feuilles ou des écorces d'arbres formant cloison. Quelque pauvres que soient les huttes des Mantra, celles des Djakon sont encore plus simples. Il en est parmi eux qui ont la fantaisie de percher leur domicile sur des branches à vingt et vingt-cinq pieds d'élévation ; on y monte au moyen d'une échelle fixe, et leurs chiens même s'accoutument à ces sortes de maisons aériennes. Cet unique étage sert de logement ; c'est là que l'on dort, que l'on mange, à côté du foyer toujours allumé la nuit pour éloigner les moustiques, dont l'intérieur des forêts abonde. Sur les étagères, l'on met en sûreté les armes, les provisions et les ustensiles de cuisine.

Les Sauvages mangent tout ce qui leur tombe sous la

main, porcs, sangliers, singes, écureuils, cerfs, rats, poissons, oiseaux, les racines et les tubercules que la terre produit en abondance, tels que *kladi*, *kledeh*, *oubi*, ou ignames, les fruits tels que les bananes, etc., la canne à sucre, qui les désaltère en même temps qu'elle les nourrit, le maïs grillé et le riz. Le riz de montagne ou de rizière qu'ils cultivent, ne peut les nourrir que trois ou quatre mois de l'année. Pour cultiver le riz de montagne il faut abattre la forêt, la brûler et semer ; or, tout cela demande bien du temps et bien du travail ; pour cultiver le riz de rizière, il faut défoncer le marais, aplanir le terrain, faire inonder la rizière en temps opportun et en faire écouler les eaux trop abondantes ; tout cela, dis-je, est trop de labeur pour l'homme des bois ; mieux vaut, selon lui, aller à la chasse dans les taillis, dans la forêt, peut-être trouvera-t-on des fruits ou toute autre chose.

La chasse du singe et celle de l'écureuil plaît par dessus tout aux Sauvages, aussi s'y adonnent-ils avec ardeur ; les fatigues et les peines ne sont comptées pour rien, s'ils peuvent se promettre la capture d'une proie ; si la prise est considérable, on en fait part aux voisins et amis, sinon, on s'empresse de la dépecer, et après lui avoir brûlé le poil, d'en jeter les membres dans une poêle, et dès que l'animal est cuit, chacun dévore dans l'ombre et sans bruit, la portion dont il s'est emparé. Telle est la manière de vivre de nos aborigènes.

S'il est incontestable que l'homme civilisé l'emporte par son intelligence sur le Sauvage, il faut aussi convenir que ce dernier l'emporte sur le premier sous bien des rapports. L'homme habitant les bois trouvera de quoi apaiser sa faim, étancher sa soif, là où le civilisé se consumerait en d'inutiles recherches et périrait d'inanition : habitué à la misère, il supporte plus facilement et plus stoïquement les privations de la vie. Le Sauvage est doué d'un odorat inconnu du civilisé, il sait en passant dans une forêt reconnaître sûrement la direction prise par le singe et l'écureuil et suivre la piste de la bête fauve à l'égal d'un chien dressé, se retrouver dans un désert où le civilisé s'égarerait indubitablement. Le nomade, qui erre dans les forêts, obligé qu'il est de lutter journellement contre le froid, la chaleur, la faim et la soif, emploie tout son temps, toute son intelligence à se procurer une subsistance par la chasse ou la pêche ; c'est dans ce but qu'il courbe un jeune arbre en arc, qu'avec un bambou, il se fait une arme presque aussi redoutable que nos armes à feu, qu'armé d'une flèche empoisonnée, il arrête dans sa course rapide le cerf qui fuit devant lui, perce dans son vol, l'oiseau qui croit trouver un refuge dans l'air, que de sa flèche légère, il atteint l'écureuil et le singe se jouant à la cime de l'arbre ; au moyen d'un bambou taillé en forme de lance, fixé horizontalement au bout d'une jeune tige pliée en arc, il sait dresser un piège terrible, nommé *blantek*, qui percera de part en part l'imprudent qui le fera détendre : l'animal mort ou blessé, le Sauvage joyeux et triomphant le charge sur ses épaules, regagne son village et va le partager avec sa famille.

Dans l'état de civilisation, au contraire, l'homme se met facilement à l'abri des besoins physiques, et sûr de trouver dans le champ qu'il cultive ou dans le troupeau qu'il élève une nourriture abondante, donne l'essor à toutes ses facultés. Au lieu d'une hutte, il se construit un palais ; peu content des produits de son climat, il va dans des pays étrangers, échanger des marchandises contre des pro-

duits nouveaux. Et ainsi s'établit le commerce, source de
tant de biens et de tant de maux. Avec la richesse com-
merciale et le bien-être qu'elle produit, l'homme n'ayant
plus rien à désirer, tourne toute son activité vers un autre
but ; il se met à cultiver son intelligence, agrandit ainsi
le cercle de ses connaissances, tandis que le nomade est
occupé à se procurer une chétive nourriture. Tantôt, par
un artifice aussi sûr qu'admirable, l'homme civilisé parvient à fixer sa pensée sur une feuille mouvante, pour la
transmettre à ses descendants ; d'autres fois, il la livre à
un fil télégraphique et en quelques heures elle fait le tour
du monde. Par le moyen de l'imprimerie, s'il se laisse
guider par la religion, il lègue à la postérité des chefs-
d'œuvre d'érudition, d'éloquence et de poésie, qui procu-
rent les jouissances les plus douces et les plus pures.

Les principales armes des Sauvages sont : la lance, le
parang (grand coutelas), le *tchenangkas* (sabre malais), le
kris (poignard), le *soumpitan* (la sarbacane) et le fusil.
La sarbacane, nommée *toumiang* par les aborigènes, est
un tube creux en bambou de cinq à six pieds de long,
composé de deux tuyaux, dont l'un extérieur nommé *tagour*
et l'autre rentrant dans le premier appelé *anak-tumiang*,
(fils de toumiang). Le tagour ou fourreau est orné de figures,
il est ordinairement jaune dans la partie d'en haut et
blanc dans celle du bas. Par la bouche de la sarbacane,
le Sauvage introduit une flèche légère, longue de quelques pouces, portant à son extrémité une forte rainure
marquant là où commence le poison : à la suite de la flèche,
il introduit un peu d'amadou brut pour intercepter le passage du vent, puis, portant le toumiang à sa bouche, avec
un puissant effort des poumons, il la lance à cinquante et
soixante pieds : la flèche part, fend l'air et atteint ordinai-

rement son but. Le poison que le Sauvage se procure au moyen du suc laiteux d'un arbre de haute futaie, nommé *ipo-batan* (l'arbre à poison), mélangé avec la racine *ipo-akar* (la racine à poison) et de l'arsenic rouge, est très violent ; en quelques minutes, le singe, l'écureuil, l'oiseau, le chat sauvage, meurent ; son effet est nul ou presque nul sur la poule. Si ce poison est porté en mer, il perd, disent les Sauvages, toute sa vertu. L'aborigène ne se donne pas la peine de couper le morceau de chair pénétré par la flèche empoisonnée, qui est un point bleuâtre, affirmant que leur poison n'est actif, que tout autant qu'il se mêle au sang.

Doués d'un caractère bon, simple et naïf, les Sauvages ont des mœurs pacifiques ; ils sont inoffensifs, et leur physionomie éveille dans le cœur de l'Européen une confiance qu'il refusera toujours aux Malais. Le blanc, de son côté, est sûr de gagner en peu de temps leur estime, s'il se montre bon, d'un abord facile, parait leur porter de l'intérêt et disposé à les protéger. Timides, défiants à l'excès et égoïstes, ils sont par nature peu communicatifs et paraissent ignorer les douceurs de l'amitié. Chez eux, chacun vit presque comme s'il était seul au monde et s'inquiète médiocrement de ce que fait son voisin, le plus souvent son parent. De même que la plupart des Asiatiques, les aborigènes sont sans caractère, indifférents, indolents, paresseux, par dessus tout amis du repos, peu hardis, peu entreprenants pour se procurer une vie aisée : s'ils en comprennent les avantages ils n'ont pas assez d'énergie pour en prendre les moyens, de là cette misère qui les dévore sur un sol qui ne demande que leur sueur pour être fécondé. S'agit-il d'aller dans la forêt ? les voilà devenus d'autres hommes : seuls, sans autres armes qu'une sarbacane, une lance ou un poignard à la ceinture, ils pénètrent dans les bois, errent dans les solitudes et y passent des journées et des nuits entières en toute sécurité ; d'autres fois, une torche à la main, un homme, une femme, voire même un enfant, ne craindront pas d'aller au village voisin chercher du tabac et du bétel.

Les Sauvages n'ayant que peu de rapports avec les étrangers à leur race, sont craintifs, peu francs, même entre eux ; ils sont soupçonneux, fort susceptibles et sensibles aux reproches. Le mensonge, pour eux, comme pour tout Indien, est une peccadille que le moindre motif justifie à leurs yeux.

Il est deux époques dans l'année où les Sauvages, libres de tout travail, se livrent à la joie et à leurs jeux favoris : en août, après avoir planté le riz et en janvier après l'avoir récolté. Chaque famille, après la moisson, donne un festin auquel prennent part non seulement les hommes, les femmes, les enfants, mais encore les animaux domestiques. Ne rien faire, bien manger et bien dormir, voilà la félicité suprême à laquelle aspire tout indigène. En ces temps de réjouissance, deux hommes font de l'escrime, armés de longs sabres de bois, se provoquent au combat, se mettent en garde, se portent des coups, les parent, reculent, avancent, crient, font les contorsions et les gestes les plus burlesques et les plus risibles ; d'autres fois, ils simulent la chasse aux singes, au sanglier. Les autres principaux jeux sont ceux du *gassing* et du *raga*. Le gassing est notre toupie dégarnie de clou, qu'ils manœuvrent avec adresse. Le raga, balle en rotin, espèce de balle-pomme, que l'on fait bondir avec l'extrémité du pied. Ces deux jeux leur sont communs avec les Malais. Les Sauvages connaissent les jeux de hasard, tel que celui des cartes chinoises (*main-djoudi*), le jeu des dés (*main-dadou*) et le jeu chinois, *main-poh*. Nos aborigènes quoique pauvres sont passionnés pour les jeux et il n'est pas rare d'en rencontrer qui y ont perdu des sommes relativement fortes et qui, faute de pouvoir les payer, sont devenus esclaves des Malais de l'intérieur de la presqu'île. Aux défauts que je viens de signaler, ils en joignent deux autres, ceux de fumer l'opium et de s'enivrer. Plusieurs d'entre eux ont appris à fumer l'opium des Chinois, presque tous s'en corrigent à l'époque du mariage et lorsqu'ils veulent devenir chrétiens. Les Sauvages qui s'adonnent à l'ivrognerie sont moins nombreux que les fumeurs d'opium.

A l'époque de la saison des fruits, là où il y a abondance de *tampoi* (fruit délicat qui rappelle par son goût le raisin), ils fabriquent une liqueur fermentée et enivrante, qu'ils décorent du nom *aier-angor-tampoi*, vin de tampoi, dont ils abusent largement dans leurs réunions à l'occasion de la moisson.

En janvier soufflent de grandes brises, les Sauvages en profitent pour percher sur les grands arbres, non loin de leurs demeures, le boulou-ribout (le bambou de la tempête). Ce *boulou-ribout* est une longue et grosse tige de bambou, sur laquelle ils pratiquent des fentes d'inégales longueurs entre les divers nœuds du bambou. Le vent soufflant avec force, s'introduit dans les fentes pratiquées et rend des sons qui augmentent en intensité selon la force du vent et la longueur de la tige. C'est l'orgue des Sauvages.

Ils font avec de petits tuyaux de bambou des *baling*, espèce de girouettes, qu'ils fixent également au haut des arbres. Le baling produit un son fort et sourd, qui contraste avec les notes aiguës du boulou-ribout. Le son de ces deux instruments de musique des Sauvages, entendu de près, vous porte à une mélancolie difficile à exprimer ; mais entendus dans le désert, loin de toute habitation, alors que le voyageur est fatigué et redoute l'approche de la nuit, le son de cet orgue le console par la pensée que dans peu de temps, il trouvera un abri pour se reposer et apaiser sa faim et sa soif. Il est d'autres Sauvages, qui avec des tuyaux de bambou obtiennent des flûtes peu différentes des nôtres, desquelles ils tirent des sons tantôt joyeux, tantôt tristes. L'instrument favori des femmes est le *kranti*, sorte de guitare. Touché par une main exercée et habile, le kranti exprime des sons agréables. Le violon, que les indigènes appellent *biolon*, est connu des Sauvages depuis très longtemps, ils le fabriquent eux-mêmes, en lui conservant sa forme primitive. Le biolon joué par un Sauvage exercé, donne des sons langoureux qui ne sont pas dépourvus d'agréments.

CHAPITRE III.

Certains écrivains, faute d'avoir suffisamment étudié les peuplades nomades, dont ils ont voulu décrire les mœurs, nous les ont dépeintes comme ayant presque conservé l'innocence primitive ; il en est même, qui ont avancé n'avoir jamais remarqué, chez les tribus qu'ils ont visitées, de fautes graves, de ces vices que l'on trouve trop souvent chez les peuples civilisés. J'ose affirmer qu'une étude plus approfondie de leur langue, de leurs mœurs, leur eût prouvé combien nécessaire est, pour la réformation des mœurs de ces peuples nouveaux pour nous, la prédication du saint Evangile. Les Sauvages, en général, sont habiles à dissimuler leurs défauts et ceux de leurs compatriotes. Si je me fusse hâté d'écrire sur ceux que j'ai évangélisés, j'aurais porté sur eux un jugement semblable à celui des écrivains en question. Un plus long séjour parmi ces aborigènes, m'a mis à même de les connaître et m'a appris, qu'en matière de mœurs, ils n'admettent qu'un seul péché grave, le viol.

Le divorce est passé chez eux en droit, ils se marient le plus souvent sans se connaître et vivent ensemble sans s'aimer. Est-il étonnant, après cela, qu'ils se séparent sans regrets? Aussi le divorce est-il très fréquent parmi eux. Il n'est pas rare de rencontrer des personnes qui ont convolé à de cinquièmes et sixièmes noces. Le divorce, pour être légitime à leurs yeux, doit s'opérer du consentement mutuel des deux parties. Si la séparation est provoquée par le mari, il doit remettre la femme entre les mains des parents et leur payer une amende, ensuite il s'éloigne pour un temps, puis revenant la retrouver, cause avec elle comme si rien n'était, et s'ils persévèrent l'un et l'autre dans l'idée de séparation, le mari la quitte en lui déclarant qu'elle est libre désormais de convoler à de nouvelles noces.

La polygamie est défendue et bien peu de personnes vont contre cet usage. Disons actuellement un mot de la naissance, du mariage et de la mort des Sauvages.

Le nouveau-né, chez eux, est débarrassé et soigné à la manière commune ; quelques jours après sa naissance, on lui rase la tête, il n'est l'objet d'aucune superstition jusqu'à ce qu'il soit en état de distinguer son père de sa mère ; s'il est malade, on le frictionne avec de la chaux mêlée à du *kounit*, espèce de safran. Quant à la mère, elle reste chez elle les premiers jours qui suivent ses couches, lorsqu'elle est assez forte pour reprendre ses occupations ordinaires du ménage ; elle doit préalablement se purifier par un bain, et dès lors le droit de paraître en public lui est acquis.

La seule époque remarquable dans la vie d'un Sauvage est le mariage. S'il est contracté entre parents, ce n'est qu'après le quatrième degré de parenté. Ayant assisté à plusieurs mariages des aborigènes, je vais en faire la description.

L'épouse, ayant été parée de ses plus beaux habits par ses compagnes, fut introduite au milieu d'un cercle, elle prit place près de son futur époux, qui, s'inclinant alors, salua chaque membre de l'assemblée, en mettant ses mains jointes dans celles de celui qui était honoré du salut. Selon l'usage, les trois chefs firent des discours sans fin sur le mariage et la bonne union, on n'oublia pas de dire, qu'en revanche de la soumission que l'épouse doit à son mari, celui-ci serait exact à lui donner chaque jour du bétel à mâcher et du tabac à fumer. Le *Djourokra* (l'un des trois chefs) qui faisait le mariage demanda des gages de l'union qui allait s'accomplir ; les deux époux n'ayant pu satisfaire d'une manière convenable à la demande, s'adressèrent à moi, qui leur donnai de bonne grâce deux mouchoirs. Un plat, contenant des portions de riz, enveloppées avec des feuilles de bananiers, l'époux en présenta une à sa future, elle s'empressa de la recevoir et de la manger ; à son tour elle en prit une et l'offrit à son mari, puis, de conserve, ils distribuèrent le reste à l'assemblée. Le Djourokra reçut de l'époux un *anneau* qu'il lui rendit et que ce dernier passa au doigt annulaire de la main gauche de la future, réciprocité de l'épouse. Dès lors, le mariage fut accompli. De copieux plats de riz ayant été servis avec des légumes, tous se mirent à même de satisfaire leur appétit et entre autres choses, je remarquai que les deux époux mangeaient dans la même assiette.

A la mort d'un Sauvage, on l'enveloppe dans un linceul blanc, on le lave une première fois, et il reste dans cet état le temps nécessaire pour permettre aux parents du défunt d'arriver, alors on le lave de nouveau et deux hommes le portent en terre, les autres personnes suivent ou précèdent le cortège. Arrivé au lieu de sépulture, le défunt est déposé dans une fosse, creusée en un endroit solitaire, tantôt couché, tantôt debout, quelquefois assis ; si c'est un enfant (dans ces deux dernières positions), il regarde l'Orient, si c'est une personne âgée l'Occident. Si la personne défunte a eu des mœurs dépravées, si elle s'est rendue coupable de quelque crime, sa face regarde l'Orient, pour signifier, que semblable au voyageur, errant sans guide dans le désert, elle s'est égarée et perdue en des sentiers détournés et trompeurs, qu'en fait de bonnes actions, semblable à son jeune frère, elle en est restée à l'entrée de la vie. On a soin de mettre sur la tombe du mort une lance, un parang, mais plus ordinairement du riz, des tasses et de vieux lambeaux d'habits ; plusieurs sèment des fleurs près de la tombe et des arbres à fruits ; interrogés à ce sujet, ils répondent : « Tel est l'usage des anciens. » Au pied de la tombe on allume du feu pendant trois jours, ce terme expiré, les visites cessent. Les Sauvages ne portent aucune espèce de deuil, les morts sont rarement pleurés ; la maison du défunt est souvent abandonnée par les survivants et le petit village émigre d'ordinaire. Le jour de la mort d'un Sauvage est un jour de deuil et tout travail cesse immédiatement.

Dans les premiers temps de mon apostolat, ne voyant chez les Sauvages ni temple, ni autel, ni prêtre, ni pratique extérieure de religion, j'inclinais à croire que ces aborigènes pourraient bien être au nombre de ces tribus nomades, que des voyageurs modernes affirment avoir rencontrées, n'ayant aucune religion. L'opinion publique, à Malacca, corroborée par le dire des habitants des bois eux-mêmes, était qu'ils n'avaient aucun sentiment de la divinité. Une connaissance plus parfaite de leur langue et quelques mois de séjour de plus parmi eux, me prouvèrent que je m'étais trompé. Je fus agréablement surpris en découvrant que non seulement ils avaient l'idée de la divinité, mais encore, qu'au moment suprême, où l'homme passe de cette vie à l'éternité, ils invoquaient Dieu, et, ce qui m'étonna bien autrement, Notre Seigneur Jésus-Christ.

Il est d'usage, parmi les Sauvages les plus versés dans leurs traditions, lorsqu'une personne est sérieusement malade, de s'adresser à Dieu et à Jésus; un parent du malade dit alors : « Seigneur Dieu, Seigneur Jésus, si c'est votre volonté qu'il vive, ayez pitié de lui, donnez-lui la santé. » Dès cet instant toutes les superstitions cessent, puis, lorsque le malade arrive à sa dernière heure, la même personne, s'adressant à l'ange, fait cette prière : « O toi, qui es l'ange de mon aïeul et bisaïeul, protège-le contre l'esprit mauvais, conduis-le au ciel. »

CHAPITRE IV

Les livres de religion que possédaient les Sauvages de la péninsule Malaise, lorsqu'ils furent définitivement refoulés dans l'intérieur, sous le Batin Tchangei-Bessi, étaient, disent-ils, conformes à la religion de *Radja-Brahil* (1), qu'ils appellent encore avec les Malais, *Nabi-Issa, Touhan Issa* (2), le Prophète Jésus, le Seigneur Jésus. Selon les uns, ce fut sous le Batin Meragalang qu'ils perdirent leurs livres de religion et presque tous s'accordent à dire, que sous le Batin Tchangei-Bessi, il restait des vestiges de leurs livres sacrés, mais que ce n'était plus que comme débris et qu'à cette époque personne ne savait plus lire. Le seul monument qu'il en restât alors, était une peau de *biavak*, espèce de

---

(1) *Radja-Brahil*, le roi Brahil. Toutes mes recherches pour trouver l'origine et la signification du mot ont été stériles. Les chrétiens aborigènes de la péninsule prennent le Radja-Brahil, pour l'Issa des Arabes, qui est bien N.-S. J.-C., dépouillé de son auréole de Fils de Dieu. J'inclinerais à penser que le Brahil des Sauvages pourrait bien être le Brama de l'Inde. — Voir la note ci-après, page 121.

(2) *Issa, Aissa, Issai*, Notre Seigneur Jésus-Christ; *Nabi Issa*, le Prophète Jésus; *Touhan Issa, Sidi Issa*, le Seigneur Jésus. D'après Mahomet, Issa est le Verbe de Dieu jeté dans le sein de Marie, le Prophète, le Messie, fils de Marie, sœur de Moïse et d'Aaron, mais il n'admet pas qu'il soit Dieu, il ne serait qu'un serviteur, qu'un envoyé, ayant le pouvoir de faire des miracles, devant juger toute chair au Dernier Jour. L'Issa de l'Islam, du Bouddisme, des Ariens et des Sauvages, n'étant pas l'Issa des chrétiens, que nous professons être la seconde personne de la Sainte-Trinité, Dieu et homme tout ensemble, je me suis abstenu de prononcer indifféremment le mot *Issa* pour celui de Jésus et ai adopté l'appellation suivante : *Djesous, Touhan Djesous, Djesous-Elmesch*, Jésus, Seigneur Jésus, Jésus-Christ.

Pour les mêmes raisons, j'ai gardé le nom de *Maria*, Marie, et ai rejeté celui des Arabes, *Mariam* (Miriam des Hébreux), en maintenant les appellations suivantes : *Maria, Pravan Maria, Kadissa Maria, Kadissa Pravan Maria* ; Marie, la Vierge Marie, Sainte Marie, la Sainte-Vierge Marie.

grand lézard (l'iguane), sur laquelle on voyait des caractères que personne ne comprenait plus. Ce fut le Batin Tchangei-Bessi, qui fit disparaître cette peau et par là, acheva d'anéantir la religion de Radja-Brahil, alléguant pour excuse que cette religion était devenue incompatible avec leur manière de vivre. Selon d'autres, Tchangei-Bessi respecta ce monument, qui fut détruit dans la suite par un chien. Cette prétention de l'identité de leur antique religion avec celle de N.-S. Jésus-Christ, toute extraordinaire qu'elle paraisse de prime-abord, n'est pourtant pas absolument dénuée de fondements. Il est en effet prouvé aujourd'hui, que la religion chrétienne a été introduite en Chine, au plus tard, vers le troisième siècle. L'opinion que saint Thomas a été en Chine paraît fondée et repose sur des témoignages fort respectables, et le Bréviaire des Ariens contient des légendes qui confirment le fait. Nous lisons dans l'abrégé de l'histoire ecclésiastique de l'abbé Darras, qu'en 328, un roi de Perse du nom de Sapor, envoya une ambassade à Constantin. Ce prince disait à l'empereur que la Perse et le pays des *Sères* (la Chine) qui en était tributaire, comptaient des églises nombreuses, et que les peuples se réunissaient par milliers dans le bercail du Christ. Aux vi[e] et viie siècles, de nouveaux efforts, de nouvelles entreprises furent faites pour visiter et relever les églises de l'Extrême-Orient. Plus tard, saint Louis, de concert avec Innocent IV, envoya des missionnaires en Mongolie. En 1303, Clément V renvoya Jean de Mont-Corvin, de l'Ordre de Saint-François, en Chine, avec le titre d'évêque de *Kamboulik*, aujourd'hui Pékin. Il est en outre prouvé que l'Arianisme pénétra dans l'Inde aux vi[e] et viie siècles ; il est même à supposer que les fauteurs de l'hérésie séjournèrent dans l'Indo-Chine en se rendant par terre en Tartarie et en Mongolie, du moins, c'est ce que semble indiquer l'analogie frappante des traditions des Sauvages de la presqu'île avec la doctrine d'Arius sur Dieu et son Verbe. Il ne serait donc pas impossible que les Sauvages échelonnés sur les montagnes de la presqu'île, aient eu connaissance de notre sainte religion, soit par les missionnaires que le Saint-Siège a envoyés à plusieurs reprises aux princes Mongols et Tartares, soit par des prêtres Ariens. Un de nos confrères, M. Krik, mis à mort par le chef d'une tribu de Sauvages de l'Himalaya, n'a-t-il pas écrit qu'il avait rencontré au Assam des Sauvages qui portent la croix gravée sur leurs fronts, la regardant comme nécessaire pour arriver au ciel.

La religion des Sauvages peut se diviser en croyances religieuses et en pratiques superstitieuses, dont je vais faire le résumé.

« Il est un Dieu suprême, unique, spirituel, bon, tout-puissant, rémunérateur de la vertu, vengeur du crime, créateur de l'univers. Ce créateur, qui, d'après eux, *réside uniquement* dans les cieux, que les Malais appellent *Allah, Touhan Allah, Allah Taala*, Dieu, Seigneur Dieu, le Très-Haut, que les Sauvages nomment Alah (1), Touhan Alah, a créé Radja-Brahil, pur esprit comme son créateur et le second après lui : il a autorité de Dieu sur les hommes, c'est pourquoi ils le nomment Radja-Brahil, le roi Brahil. Par ordre de Dieu, Radja-Brahil créa dans les cieux *Adam* et *Ava* (Adam et Eve) (2), les animaux et les plantes. Adam et

---

(1) *Alah*, Dieu, que les Arabes et les Malais prononcent *Allah*, est le mot sanscrit, que les Sauvages ont adopté. Alah est la racine, en hébreu, de Eloah et d'Elohim. *Alah*, adorer, et *Eloha*, l'Etre adorable.

(2) La croyance qu'Adam et Eve ont été créés dans le ciel, n'est pas spéciale aux Sauvages de la péninsule. D'après la tradition musulmane, Dieu les aurait créés dans le ciel et ce n'est qu'après leur péché, qu'il les aurait fait descendre dans l'Inde. La croyance des Bouddhistes sur ce point est la même que celle des Malais et des Sauvages.

Eve ayant obtenu une postérité nombreuse, qu'ils portent jusqu'à 6,666 personnes, Radja-Brahil représente à Dieu, que l'espace du ciel qu'il lui avait donné, était désormais trop petit pour les contenir tous. Dieu ordonne à Radja-Brahil de créer un monde, et comme il n'y a que Dieu, disent-ils, qui fasse tout de rien, il donna à Radja-Brahil l'essence d'un monde de la grosseur d'une noix d'Arèque (1). Radja-Brahil l'ayant prise, dit : « *Koun lahouat hou semat balita djalihan Alah Alah tindiri sindiri nia,* » et le monde fut agrandi, *Koumbang lah Djadi.* Dieu ordonna ensuite à son oiseau *simerani* (2) d'aller considérer l'univers. Simerani de ses ailes rapides franchit l'espace et se reposa quelques moments sur la terre encore molle et regagna les cieux. Radja-Brahil étant descendu à son tour, contemple son ouvrage, l'admire et remonte au ciel ; par son ordre, les poissons, les oiseaux, les plantes, les animaux et les hommes descendirent tour à tour du ciel ; l'homme seul y avait multiplié.

« Radja-Brahil créa aussi une paire de chaque espèce de tout ce qui se reproduit. C'est à cette époque, sans doute, que selon d'autres traditions, il faut fixer la descente du ciel du premier Batin et de son épouse. Charmés de la beauté des rives de la rivière de Djohor, ils y fixèrent leur résidence. »

Ces traditions ont une grande analogie avec l'Arianisme. Je vais en donner la preuve :

L'impie Arius, sous prétexte de mieux distinguer les

---

(1) *Brama*, fils de *Bram*, une des trois formes sous lesquelles les sectateurs du Bramisme adorent la divinité, n'est pas la force créatrice, puisqu'il est sorti d'un œuf couvé par Bram et qu'il n'est, comme *Brahil*, que le grandisseur du monde. Brama reçut de Bram un monde de la grosseur d'un œuf, d'où Brama fit sortir le monde actuel agrandi et organisé.

(2) Simerani, l'oiseau du bon Dieu, est petit, rouge et jaune ; c'est un grand péché que de le tuer, disent les Mantra.

personnes de la Sainte-Trinité, soutient que le Fils avait été créé, qu'il n'est point éternel, qu'il a été tiré du néant. Il posait pour premier principe, que Dieu est trop grand pour que la créature puisse soutenir son action immédiate, trop grand pour qu'il puisse être en relation directe avec ce qui est fini. En conséquence, lorsque Dieu voulut créer le monde, il fit le Verbe pour créer tout par lui. Dans ce système, on le conçoit, le Verbe n'est plus qu'une créature plus distinguée, d'une nature plus sublime que les autres. Il n'est pas éternel, quoiqu'il soit antérieur au monde, il n'est même pas Dieu, quoique Arius lui en ait conservé le nom.

Les Sauvages croient, comme les Malais, aux bons et aux mauvais anges et disent à ce sujet, que chaque homme est accompagné de l'un et de l'autre ; ils croient à l'immortalité de l'âme, à la fin du monde, au jugement dernier, au paradis, à l'enfer et au purgatoire.

« Le genre humain ayant cessé de vivre, un grand vent se lèvera accompagné de pluies abondantes ; l'eau montera et descendra avec rapidité, l'éclair sillonnera les nues, les montagnes s'affaisseront, une grande chaleur surviendra, il n'y aura plus de nuit : la terre séchera comme l'herbe des champs. Alors Dieu descendra environné d'un immense tourbillon de flammes prêtes à embraser l'univers, mais avant, Dieu rassemblera les âmes des pécheurs, les brûlera, une première fois, les pèsera après avoir purifié leurs cendres au moyen d'un linge très fin appelé *Kain-Kassoh*. Celles qui auront passé une première fois par le creuset sans être entièrement purifiées, seront successivement pesées et brûlées de nouveau jusqu'à sept fois. Les âmes, complètement purifiées, iront au ciel, jouir du bonheur, avec Radja-Brahil et les autres élus ; mais les âmes qui se trouveront impures après les sept purifications, iront dans l'enfer, où elles souffriront les tourments du feu en compagnie des démons. Il y aura dans l'enfer des tigres et des serpents pour tourmenter les damnés. Dieu prendra du feu dans l'enfer pour embraser l'univers, et la porte de l'abîme sera fermée et scellée pour toujours. »

De qui tiennent-ils ces vérités mêlées d'erreurs ? je l'ignore, néanmoins, les traditions dont j'ai parlé plus haut, peuvent en rendre raison, d'autant plus que les Sauvages, en rapports habituels avec les Malais, ont pu trouver chez eux certaines vérités, qui leur sont communes avec les chrétiens ; seulement, j'affirme qu'ils ne les tiennent pas toutes des Malais, dont ils n'ont pas voulu embrasser la religion et qu'ils préfèrent Touhan-Issa à Mahomet.

CHAPITRE V

La géniolatrie professée et pratiquée par les Sauvages de la presqu'île, est au fond basée sur les principes du dualisme du bien et du mal, enseigné par Zoroastre, que Manès prétendit vouloir combiner avec le christianisme. Les Sauvages mettent partout un démon, un génie, dans l'air, dans la terre, dans les forêts, dans l'eau, dans les arbres, dans les antres des rochers. D'après eux, le démon ou génie, est le principe de tous les maux. Sont-ils malades? c'est un démon qui en est la cause. Arrive-t-il un accident ? c'est le mauvais esprit qui en est le principe : dès lors le démon ou génie prend le nom du mal, dont il est supposé l'auteur. La géniolatrie des Sauvages du nord de la presqu'île, les Karian, diffère peu de celle des Sauvages du sud, les Semang, les Mantra, les Djakon et les Orang-Houlou. Ces derniers appellent, comme les Malais, les démons ou les génies, Hantou, et ceux du nord, Nat. Le culte des génies est fort ancien et répandu dans toute l'Asie, et les mahométans, en envahissant l'Indo-Chine, au lieu de détruire ce culte, ont dû faire alliance avec lui.

Toutes les superstitions des Sauvages se réduisent à des enchantements, à des charmes, pour apaiser l'esprit nuisible, rendre doux, traitables et inoffensifs les animaux les plus féroces. Veulent-ils exciter l'amour charnel, la haine et la jalousie, ils recourent au lemou (*elmou*) ou maléfice. Persuadés que toute maladie a pour cause un démon, ils cherchent à l'apaiser ou à le contraindre à quitter la place par de vaines observances qu'ils nomment *tangkal*. S'étant procuré certaines herbes, certaines racines, ils prononcent dessus quelques formules magiques, qu'ils ne comprennent même pas, et font prendre la médecine au malade, en lui prescrivant quelques pratiques vaines autant qu'absurdes. C'est le *penavar* et le *djampi*. Souvent ils suspendent au cou de petits paquets de safran ou toute autre matière, sur lesquels ils prononcent des paroles magiques, c'est ce que nous appelons amulettes, talismans, et eux *azimat*.

Les *Pavang* et autres sorciers et magiciens, qui se flattent de pouvoir affliger les hommes par leurs sciences occultes n'opèrent pas sur toutes sortes de personnes; plusieurs de ces patients, par un art qu'ils estiment comme surnaturel, s'arment d'une défense invisible, rendant le charme sans effet et empêchant le Pavang de voir dans l'eau l'image de la personne sur laquelle il veut jeter son maléfice; pour nuire à une personne, il faut que le Pavang puisse voir son image dans l'eau et qu'un doux zéphir souffle dans la direction de sa demeure. D'ordinaire, le Pavang qui veut nuire par son art diabolique à son ennemi, tâche de se procurer de ses cheveux ou toute autre chose lui ayant servi, lui ayant appartenu, ne serait-ce que les restes de son manger; sur ces objets il fait son incantation, jette son sortilège qu'il cache dans la terre; ce sort atteint la première personne qui foulera l'objet caché, quand même le Pavang n'aurait pas l'intention de lui nuire personnellement. Telle est la cause de la crainte qu'inspirent les Pavang.

Les Sauvages prétendent aussi connaître la divination et s'adonnent à cet art chimérique, de savoir et prédire l'avenir par des sortilèges nommés *kotika* (la bonne aventure), *kotika-limu, kotika-toudjoh* (deux sortes d'horoscopes), *elmou-tenggoh-tangan* (chiromancie), *elmou-tenggo noudjoum* (l'astrologie), etc., etc.

Les hauts-lieux des Hébreux, que l'on retrouve dans toute l'Inde, existent dans la péninsule. Les plus fameux sont ceux qui sont situés sur les plus hautes montagnes toujours recouvertes d'arbres. Chaque montagne, affirment les aborigènes, a son esprit bon et son esprit mauvais. Les plus réputés, les plus fréquentés, sont ceux qui sont situés au sommet du *Bermoun* en la terre de Songei-Houdjong. Cette montagne, affirment-ils, est très élevée, d'épais nuages couronnent sa cime, qui se perd dans les nues; sur son versant oriental, est, dit-on, un lac. Lorsque quelqu'un visite une de ces montagnes, que les Sauvages nomment *place de Désirs*, il porte avec lui deux poules blanches et toute espèce de nourriture en usage; il place le tout renfermé dans un panier en rotin, qu'il suspend à un arbre, ou qu'il dépose sur le point le plus élevé de la montagne, il tue une des jeunes poules et donne la liberté à l'autre; son sacrifice fait, dans le silence de son cœur, il adresse à l'esprit de la montagne tous les désirs de son âme, après quoi, il prépare son repas, qu'il prend sur place même. Si ce qu'il a désiré n'arrive pas, il visite le même lieu jusqu'à trois fois, et s'il n'est pas exaucé, il s'adresse à l'esprit d'une autre montagne.

Il est un autre haut-lieu ou place de Désirs célèbre entre toutes, c'est la roche *Treh*, située dans le pays de Klam. Les Mantra sont, disent-ils, dans l'habitude de la visiter de temps immémorial. Une personne qui la visite ne doit pas porter de feu, car si une étincelle venait à tomber, elle éclaterait immédiatement et la roche serait consumée. Sur ce rocher croît une fleur nommée *tchinkaoui*. Cette fleur ne pousse que sur la roche Treh, et ne peut être cueillie que par la femme. Elle a le singulier privilège de lui donner un grand renom, et si elle passe, de la main de la femme dans celle de l'homme, sa vertu passe à ce dernier.

Les Sauvages, amis de la liberté, fiers de leurs franchises, bien que soumis aux Malais par droit de conquête, sont régis par des chefs particuliers, qui, selon les usages antiques, ont tous droits dans leurs districts respectifs. Le pouvoir des Malais sur eux n'est que nominal, ils émigrent, s'assemblent, délibèrent, jugent les délits, punissent les délinquants et cela sans aucun contrôle accepté. De même qu'aux anciens jours, les Sauvages sont gouvernés par un grand chef appelé *Batin*, qui est comme le Sultan de sa race. Le Batin avant de mourir choisit son successeur, qui est accepté et reconnu par la peuplade, son choix ne peut tomber, comme chez les Malais, sur un de ses enfants, mais sur un prince de sang. Le grand Batin a encore la prétention de traiter d'égal à égal avec le Sultan Malais. Lorsqu'il sort en cérémonie, il marche au milieu du cortège, précédé de l'enseigne jaune et suivi de l'enseigne rouge. Le grand Batin prend part aux élections des chefs Malais de Djohol, Songei-Houdjong, Djelebou et Klam; réciproquement, le nouveau grand Batin doit être reconnu par les chefs des districts Malais ci-dessus nommés. Ces droits sont aujourd'hui tombés partout en désuétude.

Sous le grand Batin, il y a plusieurs chefs inférieurs, qui sont ses vassaux et que l'on nomme également Batin. Pour que ces Batins soient légitimes, ils doivent être reconnus par le grand chef. Les *Pangoulou* Malais, qui cherchent toujours à empiéter sur les droits des chefs aborigènes, se sont, après avoir toutefois convoqué la tribu, arrogé le pouvoir de faire nommer les Batins inférieurs. Au grand Batin appartenait le droit de décider de la guerre et de la paix et de confirmer ou de casser les jugements des Batins inférieurs. Chaque Batin, dans son district, a droit de vie et de mort sur ses sujets, droit qu'ils n'exercent plus d'une manière certaine. Sous le grand Batin (1), de même que sur les Batins inférieurs, il y a deux autres chefs, ce sont : le Djennang et le Djourokra. Le Djennang est l'adjoint du Batin, et le Djourokra, le magistrat. Les fonctions de ces deux chefs sont exprimées par l'adage suivant : *Djennang lida Batin, Djourokra lida Djennang*, le Djennang est la langue du Batin, et le Djourokra celle du Djennang. Le pouvoir du grand chef des Sauvages a subi la fortune des Sultans Malais, dont l'autorité n'est plus qu'une autorité nominale, les vassaux s'étant rendus indépendants.

Voici comment se fait actuellement l'administration partout où il y a des Sauvages, même sur le territoire anglais. Toutes les affaires sont soumises au Djourokra, qui examine, s'informe et les juge, si elles ne dépassent pas ses attributions, dans le cas contraire, il les renvoie au Djennang. Si la cause n'est pas de sa compétence, ce dernier monte, comme ils

---

(1) Batin, Djennang, Djourokra. *Batin*, mot sanscrit qui signifie intérieur, caché ; titre de certains chefs Malais d'un rang inférieur ; nom que porte le premier chef des aborigènes, il répond à celui de roi ; mais depuis longtemps les chefs Malais s'opposent à ce qu'il en exerce les privilèges.

Djennnang, député, envoyé, vicaire ; le second chef des Sauvages de la péninsule malaise.

Djourokra (du Bali), premier ministre, chef, chef des usages ; nom du troisième chef des Sauvages.

le disent, au Batin qui examine et juge en dernier ressort. Le Batin veut-il transmettre un ordre, il le communique au Djennang, le Djennang au Djourokra et le Djourokra au peuple. La fonction du Djourokra est de faire son rapport, de juger les cas de peu d'importance, il apaise les petits bruits, cherche des maris aux épouses et les unit ensemble. Le Djennang reçoit les ordres du Batin, le remplace au besoin et juge les cas de vol, dont la valeur ne dépasse pas de 25 à 30 francs, termine les disputes et fait le mariage du Djourokra.

Tel est le mode du gouvernement adopté et pratiqué chez les Sauvages de la péninsule, mode que j'ai respecté et maintenu parmi les aborigènes qui se sont convertis au Christianisme. Je n'ai réformé et rejeté que ce qui pouvait être en opposition, soit avec le Dogme, soit avec la Morale du saint Evangile.

CHAPITRE VI

Langues des Sauvages de la presqu'île malaise. — Dialectes particuliers à chaque tribu. — Du dialecte Mantra. — D'où proviennent les mots de ces dialectes, qui ne sont ni Malais, ni Sanscrits, ni Arabes ?

Les aborigènes de la presqu'île et des îles de l'archipel Malaisien, ne parlent pas la même langue. Dans la péninsule, comme dans l'archipel, chaque tribu habitant l'intérieur des terres a son dialecte à part et souvent si différents les uns des autres, que pour se comprendre entre eux, ils sont obligés d'employer le Malais comme langue intermédiaire ; un Karian de Ligor ne comprendra certainement pas un Semang son voisin, encore moins un Mantra, un Djakou et un Oranh-Oulou ; un Djakou ne comprend pas un Mantra et un Orang-Oulou, bien qu'il ne soit séparé de l'un et de l'autre, que par une journée de marche ou deux au plus.

Ces dialectes, débris d'une langue plus ancienne, que Marsden croit être la langue Polynésienne, sont simples dans la construction mais toujours très difficiles à prononcer, par la raison qu'ils n'ont pas les sons pleins à l'égal du Malais. Ces dialectes sont peu propres à exprimer des idées exactes, des idées religieuses, aussi, les Mantra devenus chrétiens, furent-ils les premiers à reconnaître et à demander, que la langue de religion fût la langue Malaise, parlée par tous les Sauvages, du sud au nord de la presqu'île. Reconnaissant qu'apprendre tous ces dialectes, variant quelquefois d'une montagne à l'autre, n'était pas praticable, j'adoptai le Malais comme langue intermédiaire et instruisis tous les catéchumènes en cette langue.

Tous les dialectes parlés par les aborigènes de la péninsule sont composés de mots empruntés à diverses langues, tels que : Sanscrits, Malais, Arabes et Polynésiens ; il est à remarquer que les mots Sanscrits se sont conservés plus purs chez les aborigènes que chez les Malais, il en est de même des traditions primitives. Les mots Sanscrits sont assez nombreux, ceux pris de l'Arabe le sont beaucoup moins, par la raison que n'ayant pas embrassé l'Islamisme, ils n'ont point eu besoin de termes théologiques, métaphysiques, légaux et cérémoniaux.

Les mots empruntés au Malais sont très nombreux, beaucoup sont restés purs, sans altération notable, tels que : *Orhang*, pour *orang*, homme ; *Parampouan*, pour *prompuan*, femme ; *Laki*, époux ; *Bini*, épouse.

Quelques mots assez rares du reste, en gardant la même prononciation, ont changé de signification, tels que :

MANTRA.	FRANÇAIS.	MALAIS.	FRANÇAIS.
Issi	être, avoir.	Issi	remplir, emplir.
Mamak.	oncle.	Mamak.	oncle, tante du côté paternel seulement.
Inak ...	tante.	Inak ...	charmant, délicieux.
Tako...	frapper légèrement.	Tako...	Augmenter.
Adji ...	particule explétive, remplaçant le nia des Malais.	Adji ...	pèlerin, lire, réciter une prière.
Lah....	déjà.	Soudah.	déjà, fini.

Beaucoup de mots sont prononcés d'une manière si différente, qu'on ne les reconnaît pas toujours de prime abord, tels sont :

MANTRA.	FRANÇAIS.	MALAIS.
Alah	Dieu	Allah.
Bapai	père	Bapa.
Bahoé	flairer	Baukan.
Bavai	apporter, porter	Bavak.
Bederhi	se tenir debout	Berdiri.
Beubaleh	tourner, revenir	Baleh.
Boukai	ouvrir, déboucher	Bouka.
Enck	fils	Anak.
Etah	coudée	Hasta.
Maadjar	enseigner	Mengadjar.
Mintai	demander	Minta.
Moï	mère	Ma.
Nimbai	tirer, puiser de l'eau.	Timbah-kan.
Reuthi	comprendre	Arti.
Sabat, besabat	ami	Sobat, bersobat.
Saket-abat	indisposé	Saket-Siket.
Sapoï	essuyer, balayer	Sapou.

La quatrième classe de mots, qui ne sont ni sanscrits,
ni Arabes, ni Malais, c'est-à-dire les mots Mantra, tels que :

MANTRA.	FRANÇAIS.	MALAIS.
Abat, habat	seulement, sans réalité, sans utilité	Sadja, tida gonna.
Ango	répondre, dire	Djavab, tchiakap.
Bedjonhoh	danser	Menari.
Bekai	appeler	Panggel.
Bekan	ne pas savoir, ignorer.	Tida taou.
Boonta	arc-en-ciel	Plandiet.
Damak	flèche pour la sarbacane.	Anak panah.
Djobo	Malais	Malaïou.
Gaho	sœur aînée	Kaka.
Gan	ne pas vouloir	Tamau.
Géhé	frère ainé	Abang.
Genoï	grand'mère	Nenek prompouan.
Geuma	content, satisfait	Soukah.
Inak	tante	Masouk.
Kesit	sec	Kring.
Loh	être, avoir	Ada.
Maï	venir	Mari.
Mo	vouloir	Mau.
Netain	animal	Benatang.
Niap	Non	Tida.
Nta	ne pas savoir	Tataou.
Peheu	Garde-toi de	Djaugan.
Pret	douleur aiguë	Saket pedis.
Ressap, Koussi	il n'y a pas	Tida ada.
Selit	nuit, ténèbre	Glap, malam.
Sonsoï	siffler	Siol.
Seroï	héler, crier sur quelqu'un.	Triak, bertriak.
Taboung	le carquois	Tarkas.
Tagal	cause, motif	Sebab.
Tagour	sarbacane intérieure	Anak soumpitan.
Taï, utaï	à l'instant, tout à l'heure	Tadi.
Tingkun	lever, élever	Tinggikan.
Toï	voir	Tengoh.
Toumiang	sarbacane	Soumpitan.
Tounkou	allumer	Pussang api.

Plaïtche, assemblage de petits tuyaux de bambous destinés à
contenir chacun une flèche empoisonnée.

Il est à remarquer que le Mantra est une des très rares
langues Asiatiques, qui, avec le Chinois, a le son de notre *u*
et celui de notre *in* (ain).

Les mots Mantra, d'où viennent-ils ? faut-il dire qu'ils
appartiennent à la langue Polynésienne, soupçonnée par
Marsden ? à cette langue que l'on croit avoir été parlée autrefois dans l'archipel Indien et chez laquelle on trouve des
rapports ou similitudes avec tous les dialectes parlés dans
la Polynésie ? Si les mots purement Mantra, *Djakon, Semang*
et *Orang-Houlou,* n'appartiennent pas à la langue Polynésienne, d'où viennent-ils ? c'est ce que je ne puis dire,
n'ayant pas à ma disposition les documents nécessaires
pour me guider dans cette recherche purement scientifique.

CHAPITRE VII

1847

En acceptant de Mgr Boucho, évêque d'Atalie, vicaire apostolique de la presqu'île de Malacca, la mission d'évangéliser les Sauvages qui habitent dans l'intérieur des terres, j'assumai sur moi un rude labeur, une tâche difficile. Comment en effet pénétrer parmi ces tribus errantes, remplies d'ignorance, de préjugés, assises au dernier degré de la civilisation et n'ayant pour la plupart jamais vu d'Européen? Comment me faire accepter d'elles? Comment leur faire accepter, à mon tour, une religion nouvelle, belle, consolante, la seule vraie, sans doute, mais ayant des mystères, des dogmes et surtout une morale sévère, une morale, qui, de l'aveu de saint Paul, impose des devoirs nombreux, dont l'accomplissement effraye souvent notre faiblesse humaine? Comment, en un mot, amener ces tribus nomades, fières de leurs libertés, à renoncer à leurs usages antiques, à leurs superstitions invétérées, pour accepter les croyances, les usages et les pratiques de la vie chrétienne? Toutes ces difficultés, je les voyais, je les comprenais et savais encore mieux que mon entreprise n'était pas nouvelle dans l'Eglise, que la grâce de Dieu était toute-puissante, qu'ouvrier de la vigne du Seigneur, je devais semer et planter.

Je semai et plantai et Dieu, à son heure, donna la récolte promise. Ce qui m'avait paru difficile devint facile et je réussis à implanter le catholicisme parmi ces peuplades errantes de la péninsule. Comment m'y suis-je pris? c'est ce que je me propose de dire dans ce chapitre, qui termine mon travail sur la presqu'île de Malacca, les Malais et les Sauvages.

Pasteur sans troupeau, mon premier soin, dès mon arrivée à Malacca, fut, ainsi que je l'ai dit déjà, d'aller à la recherche de mes brebis, et une fois fixé sur les localités qu'elles fréquentaient et sur celle où je devais dresser ma tente, mon premier soin, fut, dis-je, de me faire connaître et accepter d'elles. Ma première visite, entreprise dans cette intention, faillit ne pas réussir, par la faute des deux Malais qui me servirent de guides; les deux guides, croyant bien faire, tirèrent un coup de fusil à l'approche du village Mantra : les Sauvages désertèrent leurs cabanes. évidemment le coup de feu les avait effrayés. Nous les appelâmes en vain; sans me décourager de ce contre-temps, parvenu au village. je m'assis tranquillement sur un arbre renversé et attendis: au bout d'un grand quart d'heure, voyant que personne n'approchait, je me levai, suivi de mes deux fidèles Chinois, entrai hardiment dans chacune des cinq maisons qui nous entouraient et déposai dans le lieu le plus apparent de la cabane. du tabac et des feuilles de bétel. Peu de temps après, les Sauvages qui nous observaient de loin. montés sur des arbres. curieux de savoir ce que j'avais déposé dans leurs habitations. descendirent. s'approchèrent avec précaution et chacun regagna peu à peu sa demeure. Le vieux du village, se donnant du cœur, finit par s'approcher de nous et vint me saluer, je lui rendis son salut en lui disant en son dialecte : *Tabeh*

Bapai kou, salut, mon père. Cette salutation respectueuse, relevée à propos par les deux Malais, produisit un effet magique sur lui, ses traits s'adoucirent immédiatement : se retournant, il fit signe à ses compagnons de s'approcher. Ils vinrent tous, les uns après les autres, hommes, femmes et enfants ; ils étaient vingt-cinq. Au salut de chacun, je répondis, selon la circonstance, en affectant d'employer des mots Mantra : bonjour, ma mère, mon aîné, mon aînée, mon cadet, ma cadette. Une fois groupés et assis, je dis un mot à tout ce monde, je fus attentionné, aimable et poli pour tous ; j'attachais un grand prix à leur laisser une bonne impression de ma visite. Les petits garçons et les petites filles restaient éloignés et en défiance, pour vaincre leur timidité, je promis deux sous à tout enfant qui s'approcherait de moi, les plus grandets voyant les sous, se risquèrent ; je ne voulus pas insister pour les plus petits et leur fis donner un sou à chacun, j'en fus récompensé par les mères qui se dirent entre elles : Ce blanc est bon. Je demandai à voir leurs cabanes, ce qui me permit de les approcher de plus près, chacun ayant tenu à honneur à me faire voir en détail sa demeure. L'inspection finie, je leur fis promettre à tous de ne pas fuir une autre fois à mon approche, et j'obtins que deux jeunes gens me suivissent jusqu'au village Malais pour me montrer le chemin direct aboutissant chez eux.

Ma visite terminée, je repris le chemin de Malacca, enchanté de mon voyage. En traversant le *Ladang* (la forêt abattue, brûlée et plantée), j'avisai un tronc d'arbre élevé, j'y déposai, sans être vu, une médaille de la Vierge, en disant : « O Marie, ma bonne Mère, je vous constitue la Reine des Sauvages, faites qu'ils soient à vous et à votre divin Fils. » Cet acte, je l'ai renouvelé bien souvent et je crois, qu'après Dieu, c'est à la Vierge Marie, que doit être attribuée la conversion des Sauvages.

Arrivés au village Malais, chez un marchand Chinois, je fis donner à mes deux jeunes amis, du thé, des gâteaux, puis du tabac et du bétel pour eux et leurs compagnons. En me quittant ils voulurent savoir le jour de ma prochaine visite.

Je fus fidèle au rendez-vous ; ce jour-là, j'étais seul avec mes deux Chinois, je trouvai tous mes Sauvages réunis, leur nombre était augmenté d'une famille nouvelle ; mon nom avait circulé partout dans la montagne. Encouragé par l'amicale réception qui me fut faite, je demandai à dormir chez eux. Le soir venu, mon repas pris, je partageai le restant avec mes hôtes. La soirée fut charmante, c'était la première fois que je passais la nuit en tête à tête avec eux. Ces braves gens m'offrirent des légumes que j'acceptai et du singe que je refusai ; ils insistèrent, je les remerciai. Les deux Chinois en mangèrent et déclarèrent que la chair du singe était excellente.

La conversation fut longue, vive et animée, je m'informai de leurs travaux, de leur manière de vivre, des tracasseries que leur suscitaient les Malais et ne manquai pas l'occasion de me présenter comme leur protecteur. Le lendemain, conduit par deux Sauvages, j'en visitai d'autres habitant dans les environs, et je couchai une deuxième fois au même endroit ; la nuit, nouvelle causerie, plus libre et plus intime, je les remerciai du bon accueil dont j'étais l'objet, je leur dis que je les aimais beaucoup et que, libre comme l'air, j'avais une forte envie de me faire Sauvage et de me fixer parmi eux. Cette idée émise à titre de ballon d'essai, les fit beaucoup rire, ils s'écrièrent que cela ne pouvait être sérieux de la part d'un blanc, habitué à vivre dans les villes où rien ne manque. Le lendemain, je pris congé de ces habitants des bois, leur disant au revoir dans quelques jours. A ma troisième visite, je restai plusieurs jours, je formulai cette fois sérieusement ma demande de venir habiter leur village ; la proposition ayant été acceptée et l'emplacement de ma future maison choisi, je me hâtai de prendre les dispositions nécessaires pour la construire, et en attendant que je pusse y loger, je fis réparer la hutte du Mantra qui m'avait donné l'hospitalité, ce dont il fut charmé.

En janvier 1848, je commençai mes constructions. Je nommai le lieu de la forêt abattue, dès l'année précédente, *Doussoun-Maria*, la bourgade de Marie ; tout en surveillant mes constructions, je m'occupais à visiter les Sauvages qui habitaient sur les montagnes voisines, je m'étudiais à les attirer plus près de moi, je m'informais de leur caractère, et à l'occasion, de leurs mœurs, de leurs traditions, et travaillais à mériter leur estime et par là gagner leur amitié. En mai ma maison était dressée, couverte de feuilles nommées *atap*, le plancher était posé, il restait à faire des cloisons et à fermer le bas de ma maison destiné à me servir d'église provisoire. Tout cela était fait et je n'avais pas encore dit à mes bons amis les aborigènes, le motif réel, unique, qui m'avait déterminé à venir m'implanter parmi eux ; jugeant le moment opportun de m'expliquer venu, je conviai tous mes voisins à un grand repas. Au jour dit, ils vinrent nombreux. Avant le repas, je les fis monter dans ma maison, là, sur mon indication, ils formèrent un grand cercle, les hommes s'assirent à droite et les femmes à gauche, les enfants se groupèrent près de leurs parents ; m'étant mis à l'entrée du cercle et m'étant assis comme eux sur le plancher, les jambes croisées, je leur dis en substance ceci : « Mes amis, présentement vous me connaissez tous et vous ne doutez pas de l'intérêt et de l'amitié que je vous porte. Jusqu'à présent vous m'avez appelé Monsieur, je ne veux plus de cette appellation, vous me nommerez *père*, et je vous dirai mes *enfants*. Plusieurs d'entre vous ne savent pas, d'une manière certaine, le motif qui m'a conduit ici. Je suis venu, mes enfants, pour vous parler de Dieu, du Très-Haut, qui a créé et gouverne toute chose, vous faire connaître le Sauveur Jésus, que vous désignez sous le nom d'*Issa*, que vous retrouvez sous les traits de votre *Radja-Brahil*, que vos pères ont abandonné, ainsi que l'affirment vos traditions. Je ne viens donc pas, vous le voyez bien, mes enfants, vous prêcher une religion nouvelle, je viens vous apprendre ce que vous avez oublié. » *Ialah touan ! Benar lah touan pounia kata !* Oui, Monsieur ! vos paroles sont vraies !

Après cette interruption, je repris et dis : « Mes enfants, je voudrais savoir de chacun de vous, quels sont ceux qui veulent se faire instruire dans la religion du Seigneur Jésus et pour cela je vais vous interroger, soyez francs et sincères. » *Ia lah bapai, betul sakali*, oui, père, c'est vraiment juste. Je me levai, et entrant dans le cercle, j'en fis le tour. Je me sentis troublé en voyant mon voisin de droite, que je considérais avec sa femme comme m'étant hostiles, ne pouvant commencer par un autre sans blesser les usages, je m'adressai donc à lui, il s'inclina et me répondit : Père, ma femme, votre voisine de gauche, et moi, nous avons résolu de nous faire chrétiens, du jour où vous avez parlé de vous fixer parmi nous ; puis, cet homme se lève, me précède et dit à chacun : « Ouvre la bouche, parle vrai, et dis oui, » il s'arrêta là où finissaient les hommes et fut s'asseoir. Revenu à mon point de départ, je m'adresse à la femme la plus près de ma gauche, qui répondit oui, avec un bonheur non déguisé, et imitant son mari, elle me précède, en disant, elle aussi : « Ouvre la bouche, parle vrai, et dis oui. » Un seul homme, qui n'avait pas voulu entrer dans le cercle, ne voulut pas se prononcer, il se fit chrétien plus tard. Je remerciai tous ces bons Sauvages et levai la séance, après avoir arrêté le jour et les heures, pour commencer l'instruction des catéchumènes.

Le cuisinier fut averti de la levée de la séance par les enfants, qui coururent couper des feuilles de bananiers, pour y déposer des tas de riz fumant ; les viandes, parmi lesquelles il y avait à mon insu du singe, et les légumes furent servis dans de larges assiettes chinoises, le poisson sec grillé et les piments broyés avec du sel, furent servis sur des soucoupes. Le repas fut gai, tous mangèrent avec un appétit dévorant ; vers la fin du repas, le tabac et le bétel furent distribués par groupes, alors les enfants furent jouer sous la maison, les femmes se mirent à causer et les hommes descendirent dans ma cuisine pour fumer et délibérer entre eux. Le conseil terminé, une députation prise parmi les plus vénérables, vint me trouver et me dit : « Nous vous remercions de tout ce que vous avez dit et vous rendons grâce du repas copieux que vous nous avez fait servir, si vous le permettez, nous avons trois questions à vous faire. » Sur ma réponse que j'étais tout disposé à les entendre, le plus âgé me dit : « Père, une fois chrétiens, nous sera-t-il permis de manger du singe, du sanglier, du cochon, des rats, des fouines, de tous les animaux réputés impurs et défendus par les Malais ? — Mes enfants, répondis-je, je vous remercie de votre franchise, ma réponse à votre question est celle-ci : dans la loi nouvelle, promulguée par le Sauveur Jésus, il n'existe pas d'animaux impurs.

de viande défendue, vous continuerez, après le baptème, comme par le passé, de manger de la chair de tous les animaux qui vous conviendront. Nous, chrétiens, nous nous abstenons de viandes à certains jours, par esprit de pénitence, mais non parce que telle et telle viande est impure. —Père, ajouta le Sauvage, nous savons que vous ne voudriez pas offenser Dieu, pourquoi donc avez-vous refusé de manger du singe ? — Parce que je me suis figuré qu'il ne devait pas être bon, mais, pour vous enlever tout doute, j'en mangerai à la première occasion.—Bien, répondit le nomade en souriant, le cas a été prévu, votre part a été réservée. » Poussé dans mes derniers retranchements, je pris un morceau de singe qui me fut présenté et le dévorai bravement à la grande satisfaction de tout le monde. Plusieurs voix s'écrièrent : « Les *Djobo* (1) nous avaient donc trompés. »

La seconde question était plus épineuse, elle fut formulée ainsi : « Nous, hommes des montagnes, avons de temps immémorial la coutume de divorcer, lorsque cela nous convient ; une fois chrétiens, le pourrons-nous ? » Après avoir imploré les lumières d'en haut, je crus ne pas devoir renvoyer la solution à l'époque où ils seraient instruits sur le mariage, je répondis carrément : « Nous, chrétiens, nous ne divorçons pas, il en sera de même de vous après votre baptème, vous attendrez patiemment que Dieu, qui vous unit, vous sépare par la mort d'un des deux conjoints, donc, si vous avez actuellement des raisons de vous séparer, faites-le avant de devenir chrétiens. — C'est bien, père, nous voulions savoir, nous savons, cela ne nous empêchera pas de devenir chrétiens. »

____

(1) *Djobo*, terme de mépris donné aux Malais par les aborigènes. Le mot *Djobo* répond à celui de *Raiet* et à celui de *Sakei* que les Malais donnent aux Sauvages.

« La troisième question, n'est qu'une question de curiosité pour nous. — La troisième question, dis-je ? — Vous avez dit, père, reprit mon interlocuteur, que nos aïeux étaient sortis du chemin du ciel en abandonnant la religion de Radja-Brahil, j'en conviens, mais comment se fait-il, que nos pères soient restés si longtemps plongés dans les ténèbres ? » Pendant ce colloque, les divers groupes de mes invités s'étaient rapprochés et nous écoutaient. La difficulté soulevée par les Sauvages avait été faite par un bonze du Japon à saint François-de-Xavier, et le saint homme s'était trouvé embarrassé. Comme lui, je demandai à Dieu de m'inspirer une réponse qui pût satisfaire mes auditeurs.

Je répondis : « Lorsque sous le Batin Tchangei-Bessi, vos ancêtres rejetèrent définitivement la religion de Radja-Brahil, que vous affirmez être la même que celle de Touhan-Issa, vos pères commirent un grand crime, Dieu en fut grandement offensé, et comme Dieu respecte la liberté de l'homme, alors même qu'il s'en sert pour l'offenser, Dieu abandonna vos aïeux à leurs iniquités, à leurs cœurs pervertis et attendit. Vous autres, vous valez mieux que vos ancêtres, c'est pourquoi, Dieu infiniment bon, a eu pitié de vous et m'a envoyé de bien loin pour vous évangéliser et vous ramener à lui. » Les messagers et les assistants s'étant montrés satisfaits, je les renvoyai, en leur disant : « Adieu, mes enfants, à mardi matin la jeunesse, à midi les femmes, et à la nuit, les hommes. » *Ia, bapai, ia, bapai,* oui, père, oui, père, s'écrièrent-ils en chœur. Ainsi se termina cette belle journée. Le soir même, je descendis à Malacca voir mes confrères et mes amis pour me réjouir avec eux de ce premier succès de mon apostolat auprès des Mantra, l'une des principales tribus sauvages de la péninsule malaise.

Le mardi, je commençai à catéchiser les catéchumènes.

au bout de quelques jours, je distinguai deux ou trois petits
garçons et autant de petites filles, qui apprenaient facilement les prières et le petit catéchisme que j'avais rédigé et
fait imprimer à leur usage, je soignais ces enfants d'une
manière toute spéciale, et à la fin du mois, j'en fis des catéchistes pour me suppléer dans les maisons, aux champs et
auprès des personnes âgées, qui n'ayant rien appris par
cœur de leur vie, éprouvaient une difficulté très grande à
retenir le *Pater, Je vous salue, Je crois en Dieu*, les *Comman-
dements de Dieu et de l'Église*, etc., etc. Ces petits catéchistes avaient fini par se faire accepter des parents et des
personnes âgées, je fus grandement soulagé, et dès lors je
pus m'occuper spécialement de la doctrine chrétienne.
Mgr Boucho m'ayant annoncé sa visite pour le 14 décembre
1848, je les préparai au baptême, à la première communion
et à la confirmation. Sa Grandeur étant arrivée dès la veille
présida l'examen des catéchumènes. Elle en accepta vingt-
trois et donna l'habit blanc du baptême à chacun d'eux;
les autres catéchumènes, au nombre de quatorze, furent
remis à un mois. La cérémonie fut solennelle le lendemain,
bon nombre de catholiques étaient accourus, et avec eux
un grand nombre de Malais.

Le résident de Malacca, M. Blondel, par l'intermédiaire
de son adjoint Touan Bartchi, fit élire trois chefs aborigènes, un Batin, un Djennang et un Djourokra, qu'il fit accepter par les Sauvages habitant sur le territoire Anglais. Ma
mission était fondée, et pour mieux assurer sa prospérité
temporelle, je priais M. Blondel de vouloir bien nous donner la forêt de Roumbea, où nous étions établis. M. Blondel considérant ma mission au point de vue civilisateur et
philanthropique, se rendit à Doussoun-Maria avec le capitaine du fort, et là, en présence des chefs Malais convo-

qués, il désigna l'étendue de la forêt qu'il donnait aux Mantra, défendit aux Malais de les molester et ajouta que la Compagnie des Indes les couvrait de sa haute protection. Tout cela fut dit publiquement, mais ne fut pas consigné à *l'Indo-office* (au cadastre).

Tout marchait bien, il arrivait de temps en temps de nouveaux Sauvages; dès qu'ils étaient fixés et résolus à se faire chrétiens, je les instruisais et les baptisais. A la fin de l'année 1851, je fus obligé de repasser en France pour me délivrer de la fièvre des bois et de la dyssenterie passée à l'état chronique, laissant à MM. Leturdu et Maistre le soin de terminer l'instruction de soixante-dix catéchumènes et d'achever la construction d'une belle église en planches. Dieu m'ayant rendu la santé, je quittai de nouveau la France, et en mai 1853, j'étais rendu au milieu de mes bons et chers chrétiens, très heureux de me revoir. Si je fus affligé de la désertion de plusieurs familles, je fus en même temps consolé de trouver le nombre des chrétiens considérablement augmenté; je fis connaissance avec le nouveau confrère, le père Coutent, que Mgr Boucho m'avait adjoint. Quelques mois après mon retour, nous eûmes le bonheur de baptiser de nouveaux Sauvages et de voir plusieurs enfants prodigues rentrer au bercail. Mon ancienne maladie ayant reparu, je fus obligé, sur l'ordre de mon évêque, de quitter de nouveau mon troupeau, pour devenir le pasteur de la belle chrétienté de Poulo-Tikous, formée des débris de celle de Djougselang. En janvier 1854, M. Bourrelier, mon condisciple du séminaire de Paris, fut envoyé pour me remplacer, il fut atteint de la fièvre des bois, qui le conduisit au tombeau après un an et quelques mois de séjour dans les bois. Ma santé s'étant rétablie pendant cet intervalle, j'obtins de venir le remplacer à

mon tour. Je vis avec satisfaction les succès de MM. Bourrelier et Coutent et l'achèvement de l'école des garçons et
des filles.

La mission prenait chaque jour de l'importance et nos
écoles prospéraient, nous crûmes nécessaire de fonder un
nouveau poste. M. Coutent fut s'établir à une bonne heure
de marche de Doussoun-Maria, à Aïer-Marbau, où nous
avions déjà de vingt-cinq à trente chrétiens établis. Pendant que le père Coutent s'établissait et s'organisait, com-
mencèrent pour moi une série d'embarras, qui pouvaient
ruiner ma mission.

L'établissement de Doussoun-Maria avait acquis un
renom, cela m'attirait, spécialement le dimanche, de nombreux visiteurs catholiques, protestants, Chinois et Indiens
de Malacca ou de passage à Malacca, désireux d'assister
à la prière publique que faisaient les Mantra avant la
messe. L'accès de Doussoun-Maria était d'autant plus
facile, que j'avais ouvert à mes frais un chemin très praticable pour des voitures, traversant le large marais qui
me séparait du village de Roumbea, allant rejoindre la
route de la Compagnie se dirigeant vers Roumbau.

Parmi les visiteurs, se trouvait un riche Chinois de
Malacca, du nom de Kim-Sin, ayant à Singapour une très
forte maison de commerce. Ce Chinois, prenant sans
doute le mauvais terrain de Doussoun-Maria pour la Terre-
Promise, proposa au gouverneur de Singapour de l'acheter pour y faire des plantations. Le gouverneur, qui se trouvait être l'ancien résident de Malacca, M. Blondel, me fit
signifier par le géomètre en chef des détroits, de laisser
prendre au Chinois Kim-Sin la partie nord de mon terrain
et de m'arranger de la partie sud. Je fis mes observa-
tions, je rappelai le passé, la donation verbale et publique;

MARIA-PINDAH

Dernier poste du P. Borie chez les Sauvages.

rien n'y fit, bon gré mal gré, la forêt fut divisée en deux parts. Voyant que nous ne pouvions plus vivre dans la partie sud, attendu qu'elle avait été épuisée par les Malais avant mon arrivée, je fus trouver le gouverneur, de passage à Malacca, et j'obtins de Son Honneur, qu'il me donnerait ailleurs et à mon choix une forêt de 1,000 acres carrées (1) avec titre de possession, qu'il engagerait le Chinois Kim-Sin à prendre le tout moyennant indemnité à débattre contre nous deux. Le jour même, le Chinois fut mandé et la justice m'oblige à dire qu'il lui fut signifié : que c'était à prendre ou à laisser. Dans la soirée, m'étant abouché avec Kim-Sin, il me promit 12,000 francs d'indemnité, plus la réserve des débris de mon église. Quelques temps après je fis choix d'une large forêt du nom d'*Aier-Salak* (ruisseau du palmier salak), située au sud du poste du père Coutent. Je m'installai avec tous mes chrétiens dans un Ladang acheté aux Malais et y bâtis une maison provisoire en écorces, dont le bas me servit de chapelle ; quelques mois après, je construisis un peu plus au sudouest mon église, mon presbytère et mes deux écoles. Je nommai ce nouveau poste Maria-Pindah, pour signifier que la Vierge Marie, notre mère et notre reine, avait émigré avec nous. Nous fîmes nos limites, tout en prenant un peu plus qu'il ne m'avait été promis, résolu à payer le surplus. Le mesurage fait du terrain, le plan dressé en fut envoyé à Singapour à M. Blondel. Ce dernier refusa de me délivrer le titre de la concession, alléguant que j'avais choisi un trop riche terrain, etc., etc. Je fis un nouveau voyage à Singapour et perdis mon procès. La possession

---

(1) *Acre,* mesure agraire de superficie employée en Angleterre et dans l'Indo-Chine Anglaise, elle équivaut en ares à 40,4671.

valant titre chez les Anglais, je me décidai à attendre des temps meilleurs. Cela se passait en 1860.

Rentrant de Singapour vaincu, mais résigné, je m'occupai de mes écoles, de fixer mes chrétiens au sol ; dans ce but, je fis ouvrir des rizières, un chemin communiquant entre Aier-Marbau et Maria-Pindah, entre Maria-Pindah et la route de la Compagnie, longeant les bords de la mer et allant à Malacca. Je procurai quelques buffles et des porcs à mes Sauvages, et les poussai à planter des cocotiers et arbres à fruits ; je tâchai, en un mot, de leur faire perdre le goût de la vie errante qu'ils menaient de temps immémorial.

La Compagnie des Indes ayant été remplacée par le gouvernement de la reine, et le général Cavagnac ayant succédé à M. Blondel, je repris espoir. Le brave général, qui avait perdu une jambe dans la guerre du Lahore, étant venu faire sa première visite officielle à Malacca, je fus, avec mes confrères, lui souhaiter la bienvenue. Deux jours après, Son Honneur vint visiter mon établissement de Maria-Pindah, que je fus très heureux de lui montrer. Après avoir visité le presbytère, l'église et deux maisons des Sauvages, je conduisis M. le Gouverneur dans mes deux écoles. Les enfants des deux sexes, réunis dans une même salle, saluèrent l'entrée de Son Honneur par des chants en Malais, Latin et Français. Les chants finis, commença l'examen. M. le Gouverneur m'exprima toute sa satisfaction de trouver de petits Sauvages sachant lire, écrire et calculer, et encore, rendre compte avec facilité des racines et particules de la langue Malaise, prendre un mot composé, en extraire le radical et les particules, puis, un radical donné, le transformer en verbe, en participe, en substantif, en adjectif et en adverbe. Cet exercice terminé, M. le Gouverneur voulut voir la couture des petites filles et les habits qu'elles confectionnaient.

Rentré au presbytère, Son Honneur me félicita sur mes succès, s'informa de mes besoins et de mes ressources. Voyant M. le Gouverneur si bien disposé, je lui exposai, en peu de mots, les difficultés que j'éprouvais pour obtenir le titre du terrain que j'occupais. Son Honneur, visiblement contrarié, me répondit qu'il connaissait la question et qu'il n'avàit pas été fait gouverneur pour démolir ce qu'avait fait son prédécesseur ; puis, se radoucissant tout à coup, il me dit en me tendant la main : « Adieu, père Borie, adressez-moi un mémoire. »

Un mois après, mon mémoire était terminé et traduit en Anglais, par le père Beurel. Dans ce document j'exposais l'historique de la question, venant ensuite aux difficultés soulevées par M. Blondel, je répondais dans les termes suivants : « 1er grief, j'ai trop bien choisi. J'ai bien choisi, puisque je le pouvais, j'ai bien fait de le faire, et si je ne l'avais pas fait, j'aurais passé, aux yeux de tous, pour un maladroit, pour un simple tout au moins, deux titres que je ne revendique pas. 2e grief, le terrain que vous occupez a trop de valeur. Il n'en est rien, mais, s'il a de la valeur, cette valeur vient uniquement de moi. On vante ce terrain depuis que je le possède, mais avant mon arrivée, la forêt d'Aier-Salak était inconnue de l'*Indo-office* (du cadastre) et il ne serait pas juste de me punir d'avoir donné à un terrain Anglais, une valeur qu'il n'avait pas avant mon établissement. 3e grief, mais la localité est très abordable. J'en conviens, mais elle ne l'était pas alors, que pas un employé du cadastre n'y pouvait pénétrer. L'accès de Maria-Pindah n'est devenu facile que du jour où j'ai tracé, à mes frais, une route carrossable à travers la forêt,

allant de ma station à la grande route de la Compagnie.
Me priver actuellement de tous les avantages que possède
Maria-Pindah ne serait pas selon l'équité. » Mon mémoire
produisit son effet, quelques mois après, le titre de possession me fut gratuitement délivré. Ainsi se termina ce
procès qui avait duré près de trois ans. La possession
définitive du titre du terrain donné pour la mission des
Sauvages, c'était la tranquillité dans le présent et la sécurité pour l'avenir.

CONCLUSION

Le but poursuivi en attirant des Sauvages près de nous,
était de les grouper par petits villages sur le terrain con-
cédé par le gouvernement Anglais. En les encourageant à
la culture, en les assistant de toute manière, nous voulions
leur faire perdre peu à peu cette humeur nomade, qui fait
qu'ils ne sont nulle part aussi bien, que là où ils ne sont pas.
Notre but n'était donc pas seulement de les baptiser, nous
voulions plus ; nous voulions les humaniser, les civiliser,
les sortir de cet état d'abaissement et d'imbécillité dans
lequel ils vivent ; nous voulions les rendre stables en les
attachant au sol par la propriété particulière. En les rendant
cultivateurs, nous les mettions vite et facilement à l'abri
des nécessités de la vie, nous fondions des familles, nous
faisions des hommes, des chrétiens fermes et stables.

Malgré toutes les peines que nous nous sommes données
et les sacrifices que nous nous sommes imposés, malgré
l'aisance relative que nous leur avons procurée et l'affection
sincère qu'ils avaient pour nous, plusieurs familles nous
ont abandonnés, quelques-unes pour causes, mais le plus
grand nombre ne se sont éloignées, que cédant à cette

maladie du pays, que j'appelle la nostalgie des bois. C'est ainsi qu'il faut expliquer la fuite de plusieurs enfants de nos écoles. Rien, je puis le dire, rien n'a été négligé, rien n'a été épargné, ni nos labeurs, ni notre argent, ni nos personnes, pour fixer nos Sauvages. Trois de mes confrères, MM. Bourrelier, Coutent et Lebon sont morts à la peine, et moi-même, je n'ai échappé à la terrible fièvre des bois et à la dyssenterie chronique, que par une protection spéciale de Dieu, mais j'ai contracté dans les bois une infirmité qui ne me permet plus d'habiter sous les climats brûlants de l'équateur.

Bien que les succès que nous avons obtenus chez les Mantra ne soient que modestes en eux-mêmes, néanmoins, ils sont consolants et très heureux, comparativement à ceux qu'ont obtenus les missionnaires qui ont évangélisé les Karian de Mergui et les Laociens du royaume de Siam.

Depuis que je me suis éloigné de la Malaisie (1871), les Anglais ont étendu leur protectorat sur toute la côte ouest de la presqu'île (1); ils ont commencé sur la province Wellesley, en face de Poulo-Pinang, un chemin de fer qui longera toute la péninsule, touchera à Malacca et ira aboutir à Tandjong-Poutri, en face de l'île de Singapour. Ce chemin de fer qui aura l'immense avantage de faire entrer cette presqu'île sauvage en contact avec le monde civilisé, aura encore celui de porter les hérauts de la bonne nouvelle, dans l'intérieur du pays, resté, jusqu'à ces derniers temps, fermé au commerce, comme à l'Evangile.

Mgr Gasnier, le nouvel évêque, missionnaire de la presqu'île de Malacca, a su donner à la mission une vie et un entrain vraiment apostolique. En attendant que la lumière du saint Evangile puisse pénétrer sur la côte orientale, la

____

(1) Voir la carte et l'appendice du chapitre Ier, p. 90.

côte occidentale est attaquée sur tous les points, elle voit d'années en années se fonder de nouvelles stations et le jour n'est pas éloigné, où mon rêve se réalisant, de Pinang à Singapour, les postes desservis par les missionnaires seront reliés les uns aux autres par une chaîne non interrompue de chrétientés assez rapprochées.

Les postes nouveaux chinois, fondés depuis que Mgr d'Eucarpie gouverne si heureusement le vicariat de Malaisie, sont : Tandjoug-Poutri, nouvelle capitale de l'Etat de Djohor ; Kouala-Lompour, capitale de Solangor ; Klam ou Kelang, célèbre par son étain ; Songei-Hudjong, grand boulevard de la tribu des Mantra ; Perak, qui contient trois postes, Batou-Gadja, Larout et Karou, colonie Malabar ; Songei-Paleam, sur les confins de la province Wellesley. Nous sommes loin, grâces en soient rendues à l'Auteur de tout bien, du temps de mon arrivée en mission, où toutes nos stations se bornaient presque à Poulo-Pinang, Singapour et Malacca.

Au moment où je trace ces lignes, une heureuse nouvelle m'arrive de Malaisie, par l'intermédiaire de mon confrère et ami, l'abbé Rèmes : « Bon nombre de familles de Mantra, qui avaient déserté les postes de Doussoun-Maria, d'Aier-Marbau et de Maria-Pindah, ont été trouver les pères établis à Salangor, Loukout et Songei-Houdjong, demandant à être groupés, ainsi qu'ils l'étaient, dans les postes qu'ils ont désertés. » Espérons que de nouveaux postes seront établis et que la mission des Sauvages, un moment ébranlée et menacée d'être anéantie, revivra, grandira, prospèrera dans le centre de la presqu'île, où de l'aveu de tous, les terrains sont plus rémunérateurs et les forêts vierges plus nombreuses et plus étendues.

J'ai, je crois, rempli la tâche que je me suis imposée vis-à-vis de vous, chers associés de la Propagation de la

Foi et de la Sainte-Enfance, en décrivant cette péninsule que j'ai évangélisée et que dans ma jeunesse j'avais désiré parcourir en explorateur. Heureux si j'ai su vous intéresser et vous faire aimer ces tribus nomades qui peuplent la presqu'île de Malacca.

A l'aumône du sou de chaque semaine et de chàque mois, joignez-y l'aumône de votre prière de chaque jour, pour que le grain de la semence évangélique déposé dans cette terre presque inculte, y produise au centuple.

En priant pour ces enfants de la forêt, n'oubliez pas de prier pour moi, demandez à Dieu qu'il ne permette pas, qu'après avoir voulu sauver les autres, je me perde moi-même.

Cors, mai 1886.

TABLE DES MATIÈRES

DEUXIÈME PARTIE

LA PRESQU'ILE DE MALACCA ET LES SAUVAGES

CHAPITRE Iᵉʳ.

CHAPITRE VII.

TULLE, IMPRIMERIE J. MAZEYRIE.